改訂新版

大学では教えない

教師の50ポイント

【応用編】

関根　庄一

労働教育センター

はじめに

　人類の歴史はおよそ三〇〇万年とも五〇〇万年とも言われているようだが、二〇世紀の最後の五分の一ほど、人類が急激な変化を経験したことはおそらく一度もなかったに違いない。ベルリンの壁の開放に始まる戦後史の大転換の一方で、日本ではバブルの発生と崩壊ということがあったが、あるいは人類史の上ではそれよりももっと大きな出来事が起きようとしているのかもしれない。いま個人通信手段の普及と「ＩＴ技術」の進歩が私たちの生活を大きく変えようとしている。この道の先にどのようなことが待ち構えているのか、これが子どもたちに、そして教育にどのような影響を及ぼすのか、考えもつかないというのが正直なところである。

　現在、これまで五〇年、さらには一〇〇年の間、日本の社会を比較的うまく組織・運営してきたあらゆるシステムの見直しと変革が進められているが、「教育」だけひとりその圏外に立ち止まることは許されない。これから、日本の教育改革がどのように進められるのか、そしてそれが成功するのか、失敗に終わるのか、かりに成功したとしてもどの程度まで成功することになるのか、それは日本の将来にとって大きな問題であるが、それは本書が取り扱う問題ではない。また、IT時代の新しい教育についても、そのためには別に適切な書籍があることと思うので、そちらを見ていただきたい。

私が本書で述べようと考えているのは、教師として子どもたちにどのようにして信頼を得るか、どのようにして子どもたちとこころを通わせることができるか、ということである。いかに大きな変化を経験しようとも、教育が人間を相手にする仕事であることだけは変わらない。もちろん、人間を相手にする仕事は教育に限らないが、教育ほどこの点が重要になる仕事もないのではないか。〝魅力的な〟人間はどんな時代が来ようとも人を、そして子どもたちを引きつけることができるが、そのためには、学ぶことが必要だし、また、学ぶことによって、程度の差こそあれ、だれでも〝魅力的な〟人間、〝魅力的な〟教師になることができるということ。そして、教師という職業には、そのことが欠かせないということ。私が本書で読者の皆さんに伝えたいと考えているは、ただひとつ、そのことなのである。

目　次

大学では教えない　教師の50ポイント（応用編）

第1章　人気教師になるために

第2章 学校に新風をまき起こす

第3章　挑戦する教師となるために

第4章 父母の心を開くために

第5章　優秀教師の4条件

補章　しつけを考える

第1章

人気教師になるために

Point. 1 努力でなれるすてきな教師

Y先生は、大学を卒業した年にへき地の小学一・二年生の担任になった。全校三学級編成の複式小学校だった。子どもたちは、Y先生が思うようには、読む力も書く力もついていなかった。大学生時代の教育実習は大学付属小学校だったから、〝できる子〟を見なれていたせいもあって、Y先生はクラス全体が〝できない子〟のように思った。Y先生は、名門の付属中学校や私立中学に進学するような〝できる子〟を教える楽しさを味わいたかった。逃げ出したい日が続いた。同僚のへき地校勤務の長い先輩教師たちが、そのような〝できない子〟と楽しそうに話しているのがふしぎでならなかった。

「できない子と遊んで、なぜ楽しいんだろうか。おれはあのようにはなりたくない」

とさえ思うようになった。

ところが、ある日、Y先生の人生観が変わるような出来事があった。

それは、夏休みにはまだ間のある、暑い夜だった。先生たち全員が校長宅に集まって懇親会をひらいた席上、Y先生は先輩教師と激論した。話の内容は、子どもたちの学力のことだった。

「Y先生はこの地方の子どもが毎日、家庭でどんな仕事や生活をしているのかを知らないから、学力、学力というんだ。この地方の子どもに必要なのは、都会で大学に進む学力ではなくて、この土地にふみとどまって、どう村を変え、生活をたてなおすかという生活力なんだ。バイタリティなんだ」

Y先生は反論した。しかし孤立した。先輩たちは〝村の産業や子どもの生活の実態を知らない教師の議論は机上の空論だよ〟と一蹴した。

議論にひと区切りついて、座がしらけたとき、校長が口をはさんだ。

「Y先生の意見は父母からも聞くことがある。父母も子どもの学力を高めたいと思っているんだが、父母としてどうしたらいいのかがわからないんだよ。この地域は都会とちがって毎日が平凡で、なんとなく生活してるって感じだからね。そこで、どうかな、Y先生。夏休みの前に子どもたちの家庭生活ぶりを実際に見てこないか。私たちはどの家の事情もよく知っていて、それが指導のマンネリ化を招いているとも考えられる。君の目で見て君の考えを提案してくれないか、これからのへき地教育を考えるうえではとても大切なことだと思うんでね」

先輩教師たちは、この提案に賛成した。Y先生もやむをえず賛成してしまった。

家庭訪問は希望する家庭に泊まり込みで行なうことになり、各家庭には校長名で連絡された。

「お待ちしています」「大歓迎です」――いつもは父母からの返事が全部集まらないのに、この返事だけは、翌日中に全部集まった。どの父母も泊まり込みに好感をよせたのである。

教室では子どもがY先生に「おれの家にはいつ来るの?」とむらがった。

全員賛成とは思ってもいなかったので、Y先生はたじろいだ。もともと〝やむをえず〟賛成したのだからむりもないことだった。

数日後、家庭訪問を開始した。放課後、その日の訪問予定の家の子といっしょに学校を出る。道すがら「いま帰ると父ちゃんはいるの?」「夕飯の仕度はだれがするの?」とポツリポツリたずねると、子どももポツリポツリ答える。

夕食をたべながら、あるいは夕食後のだんらんのひとときに父母から仕事の話を聞き出す。山菜とりの話、農作業の話、昔の仕事の話、そして合理化や減反《げんたん》、不景気、借金の話……山村の夜はいつのまにか更けてゆく。

翌朝、登校すると先輩教師や校長はY先生を質問ぜめにしたうえで各家庭についてのコメントをつけてくれた。

どの家庭でも父母が夜おそくまで話しこんでくれた。一夜をともに過ごす家族の一員になったようなごやかさが生まれ、冗談もとび出すほどの親しみがわいた。

泊まりこみの家庭訪問が進むにつれて学級の雰囲気がなごやかになった。子どもたちがY先生にまつわりつくようになり、Y先生も子どもたちと一緒に過ごすのが楽しくなった。

授業の進め方も変わった。算数の文章題でも父母や子どもの生活とかかわりのある題材をとり入れるようになった。国語も子どもの生活や感想を発表させることが多くなった。教室の話題に父母の生活をとり入れるようになった。先輩教師に指導法について教えを乞うことも多くなった。

一人ひとりの子どもの毎日の変化が見えてきた。注意深く見つめていると、子どもは毎日ちがった行動をしている。わずかだが変化している。この変化を励まし、ささえてゆくのが教育者だと思うようになった。気づいてみれば、先輩教師はみな、学習の到達目標をきめ細かく設定し、ていねいに段階をふんだ指導をしていたのである。

その後のY先生については、読者の想像にまかせよう。ただ、考えてほしいのは、Y先生は、はじめからすてきな教師ではなかったという点である。だから、泊まり込みの家庭訪問という行事がなければ、Y先生は変わらなかったかもしれない。

そこで、好かれる教師となるには、どんな努力が必要なのか、Y先生の場合を糸口にして考えてみよう。

Point. 2 基礎学力を知らずに教えるな

教師にとって必要なことは、子どもに〝やる気〟を起こさせることである。ところが、子どもは教師が思うようには、たやすく〝やる気〟を起こしてくれない。教科の学習でも教師が意気ごんで教えても、子どもはサッパリ……ということが多い。そんな時には、つぎの四要素が欠けているのではないかと、反省してみるとよい。

①学習の到達目標が明らかになっているか。

②その目標に到達するには、**現状では**なにを補わねばならぬかが明らかになっているか。

③その補うべき内容はどんな**段階**をふめば補えるかが明らかになっているか。

④どの子も自分が到達目標にむかって、着実に進んでいることがわかっているか。

無能な教師は、その授業時間中に子どもにわからせること（到達目標）はなにかということさえ自覚していない。

未熟で経験も浅いＹ先生の設定した到達目標が、かりにその学年の子にふさわしいものであったとしても、子どもの生活環境や習熟知識を無視したものであれば、子どもたちは興味を示さな

い。また、目標到達に必要ないくつかの段階をきちんと踏まないで、目標到達ばかりを急げば、子どもは授業の進度についてゆけない。

新任のY先生の授業が、当初思うようにいかなくて、〝学力の低い子たちだから、つまらない〟と思ってしまったのは、Y先生の未熟な〝思いこみ〟のせいだといえる。独善的に到達目標を〝思いこみ〟、「現状」と「必要な段階」を無視して〝思いこみ〟指導をすれば、子どもの低学力化は避けられない。

若い教師は、子どもの知識内容、習熟度を正確に把握しないまま〝目標に到達させなければならない〟〝この指導法で到達するはずだ〟と考えやすい。知識として得た理論を現実にあてはめようとする、いわば演繹《えんえき》法的指導論である。

これがY先生が落ちた落とし穴である。

教育指導は、帰納《きのう》法的指導でなければ効果が薄い。つまり、現実から理論を導き出し、現実から方法を発見するということだ。一人ひとりの知識内容、習熟度、思考法を正確につかみ、一人ひとりについて、現状ではなにを補わなければ目標に到達しないかを明らかにしていかなければならない。

教師以外の仕事では、大学を出たばかりの未熟者には、その業務遂行に必要な知識・技能を企業内で訓練・指導してから仕事を与える。しかし、教師は、大学を出ただけの新人に訓練なしで、責任と裁量の幅を与えるのだから恐ろしい。したがって新米教師に必要なことは、その学校で教えるにあたって、自分の知らないことはなにか、未知の部分を探り、対策について先輩の指導を受けることである。

人間は〝自分の考えや行動が正しい、それ以外に道はない〟と思いこみやすい。しかし、優れた人間は、いつも〝これでいいのかな〟と、より新しく、より効果的な方法を探している。だから他人の見方、考え方に優れたヒントがあれば、すぐ取り入れ、すこしでも昨日とは違った新しい方法につくりかえてゆく。他人の見方、考え方がヒントにはなっているが、人のまねではなく、独自のものになっている。優れた人間は、いつも〝よりよい方法〟を求め、改善の努力を惜しまない。

若い教師がおちいりやすい落とし穴はここにある。若く、経験の浅い教師ほど、自分の指導法や考え方にこだわりやすい。Y先生の誤りは〝伸びる子はできる子で、伸びない子はできない子〟だという考え方にあった。そして、地域性、生活環境を生かした指導法をとらずに、大都市の大学付属小学校での指導法を最良のものと思いこみ、へき地校の先輩教師を「不勉強だ」と見くだしていた。つまり、付属小学校での指導法が最良なのだから、その方法で教えているのに、ついてこれない子どもは、能力が低く、伸びる見込みがないのだと、思いこんでいたのである。

子どもにやる気を起こさせようと思うなら、教師は子どもに先入観をもって接してはならない。この子たちは、なにを知っており、どんなことに関心をもっているか、子どもの現実を見すえて、到達目標と、その目標に到達させるための段階を細かく設定しなければならない。

好かれる教師は、こうした技術を身につけている。ことわざにも「人を見て法を説け」「郷に入っては郷に従え」とある。

Point. 3

助言・忠告を喜べ

庖丁《ほうちょう》さばきの下手な板前は、いくら調理師の免許状を持っているといっても、職場で一人前の板前とは認められないに違いない。ちょっとした故障を直すのにもやたら手間どる修理工は、上司からどやされるだろう。部長の指示に従わない社員とか、社長の方針に従わない部・課長などというものは、およそ「会社」と名がつくかぎり存在しないだろう。

料理店に「客にうまいものを食べてもらおう」という方針があり、修理工場に「むずかしい故障でも手際よく直そう」という方針があり、会社に「生産能率を上げ、販売実績を上げよう」という方針があれば、それぞれの方針に沿って、実績を上げない従業員が高い評価を得られないのは当然である。

企業は他企業との競り合いを通して生存し、発展する。だから、従業員の創意と努力をくみあげ、練り直して全体に普及するなかで、はじめて他企業との競りあいに勝つというのが企業の生きざまである。ミスをした社員を上司が叱るのは、その企業の苛烈な生きざまの反映だといえる。一つのミスを次の機会に生かすことができず、同じミスをくりかえす社員は企業が生き抜くうえで邪魔になるのである。

ところが、教員という仕事は、落ちこぼれの子をなん人つくっても、一人の非行に走る子を立ち直らせることさえできなくても、だれからも叱られない仕事であった（少なくとも、これまでは）。学習指導法が拙劣だといって校長・教頭に叱られたという話は聞いたことがない。学級担任教師の怠慢から、子どもを非行に走らせてしまっても、校長・教頭から叱責されることはなかった。それはなぜなのだろうか。

その理由、現在にいたった経緯などについて、ここで少し詳しく述べておこう。

第一に教師には個人の責任においておこなう裁量権が大幅に与えられているから、裁量の枠内でおこなったことなら、学校長といえども口をさしはさむことはむずかしい。

しかも、学校長と教諭の関係については、「校長が上司であり、教諭は部下である」とする見解と、「校長と教諭のちがいは職務内容のちがいであり、同僚である」とする見解がある。両見解は対立している。

「校長が上司であり、教諭は部下である」とする見解は、学校教育法第二十八条「校長は、校務を掌《つかさど》り、所属職員を**監督**する」の**監督**の内容に〝教諭の職務権限〟をふくむものとする見解である。教諭の職務は「児童の教育を掌る」（同条四項）だから、この見解に従えば、校長は教諭がおこなう学習指導、生活指導をも監督する職務権限をもっている。各教員の授業の「週案」「日案」を校長・教頭が点検するシステムはこの見解に従った校長の職務権限行使と考えられる。

こうした〝校長上司論〟にたいし、校長と教諭の関係は上司・部下ではなく、同僚だとする見解がある。同条が、もし「校長の命をうけ、児童の教育を掌る」とあるのなら、校長は上司である。しかし「校長の命をうけ」とは規定されておらず、たんに「児童の教育を掌る」なのだから、校長と教諭の職務内容は相対的に独立したものであり、教諭の職務権限は校長の監督から独立しているとする見解である。

では、第二十八条が示す校長の監督の対象はだれか。学校教育法施行規則第二十二条では、教務主任、学年主任、保健主事、事務主任、生徒指導主事、進路指導主事の二主任四主事の職務内容について「校長の監督を受け……」と規定している。教務主任、学年主任の職務内容には「連絡調整及び指導、助言に当たる」との規定があるから、教諭は「校長の監督」下にある教務主任と、学年主任の「指導、助言」を受けることになる。平たくいえば、水戸黄門が校長で、助さん格さんが教務主任、学年主任ということなのだろう。したがって「この紋所が目に入らぬか」とふりかざす葵《あおい》の印籠《いんろう》が、学校教育法二十八条の校長の「監督」権なのであろう。葵の紋所を見せられれば従わねばならぬという不文律は、その見解に立つ者に対してのみ有効なのであって、その不文律に従わぬ者には無効である。校長が一般教員にとって上司に当たるか否かは、それぞれの見解の相違であって、法の規定ではない。

第二に教師が叱られることが少ないのは、学校という職場が、規格化された製品を製造する場でないという点にある。多様な能力、多様な生育歴と性格をもつ子どもたちから多様な教育要求を引き出し、発達させる場である。したがって、いかに指導力量が高い教師でも、空を仰いで嘆息するような困難な事例があるし、その逆に、きわめて力量が低い教師のひどく手抜きした指導でも〝大過なく〟勤務できるという例もないわけではない。そこで、これまでは、いくら努力してもキリがない反面、いくら手抜きしても〝親方日の丸〟で平気というところがあったというのも否定できない。

教員免許状なるものも、教師としての指導力量の水準の高さを認めて発行されたものではなく、大学で教職課程の単位をとりさえすれば自動的に渡されるものである。自動車の運転免許証のように一定の知識と技術の検定を経ているわけではない。

大学を卒業してすぐに教壇に立った新米教師のなかに高い指導力量をもった教員がいることも事実だが、教職歴十数年だが、実力は新卒教師に劣るという〝したたか者〟が巣くっていることも事実なのである。これが教員社会では、教員の総意に基づいて学校を運営するという考えに立てば、対等平等の発言権をもつ。ここには〈叱る・叱られる〉関係は成立しない。

そのうえ、教員は自分の担当教科、担当学級の指導方法、指導内容を他教員が批判することをひどく嫌う。いわば〝一国一城の主《あるじ》〟意識が強い。指導内容・方法が優れていて、しかも日常的な研究努力を怠らない教員は、自分の指導内容・方法について同僚の助言や批判を求めたがるが、そうでない教員はかくしたがる。あるいは極端に忌避《きひ》する。

これら二条件があるから、学校という職場は、学習指導、生活指導の面で手抜きしても叱る上司がいない、ということになるわけである。

いくら怠けても叱られない、ということは、教師という職業が専門職であり、大幅な裁量権が教師の個人責任にゆだねられているからなのだが、このことは、同時に専門職としての教師の自己努力のむずかしさをあらわしている。個々の教師が自己満足とマンネリに陥っていても忠告する人はいないということだし、困難な事態に直面して苦悩していても援助の手はさしのべられないということでもある。

だれからも好かれる優秀教師への道は、こうした教師の専門性を考えるとたいへんけわしいといわねばならない。

しかし、さきに挙げた二条件を積極的・意欲的にとらえるならば、さほど〝けわしい〟ともいえない。つまり、校長・教頭・同僚らが助言・忠告しやすい人柄の教師になったらいいではないか。積極的・意欲的に助言・忠告をうけ入れる態度で接していればいいではないか。

たとえば、ほんのちょっとした手抜かりやミスがあったとき、すぐに、同僚や校長・教頭らから、「彼（彼女）は気づかないでいるから、注意してやろう。そうされるのを彼（彼女）も喜ぶから」と言われるような人柄でありたい。

そのためには、どうするか。

第一は、ささいなミスを注意されたとき、「ありがとうございました。気づかないでいたらたいへんなことになるところでした」と、感謝すること。人間はこのように対応する人を〝できた人物〟と言うこともある。「失敗は成功の母」ということわざがあるが、失敗を経験せずに得られた成功というものを、私は聞いたことがない。

第二は、学習指導や生活指導、学級指導の内容・方法について、先輩教師たちに相談をもちかけること。世の中には、技術や知識を授業料を支払って学ぼうとしている人がたくさんいるが、学校という場所はそれがただで学べる場所とも言えるのではないか。

「いま、こういうやり方をしているんですが、どうも不安なんです。もっといい方法はないでしょうか」

こういう相談をもちかけられると、誰でも、親身になって考えてくれる。助言や忠告のなかには、自分の考えに反する内容のものもある。そのような場合でも、相手がなぜそういうのかを、十分に聞くことがコツ。十分に聞いたうえで、まず、

「なるほど、よくわかりました」

と感謝の気持ちをあらわすことが大切だ。もちろん、自分が納得のいかない意見には従えないわけだから、相手の考えにも十分な根拠があることを認めたうえで、自分の考えをのべ、批判を仰ぐように心がけるべきだろう。

Point. 4 ミスの弁解は見苦しい

「学校から渡されたプリントに、誤字があったので、親切のつもりで電話したら、ひどく不機嫌な声で〝ああ、そうですか〟といってガチャンと切られてしまった」

「ささいなことで子ども殴ったり、耳をひねったりする教師に抗議したら、逆に〝お宅の子が悪いからだ〟と、皮肉をいわれ、それからは、授業中に子どもに皮肉やいやがらせをされるよう

になってしまった」

この種の親の不満は驚くほど多い。だから〝教師はミスをしても謝らない〟と一般に思われるのだろう。子どもにも、父母や抗議者にも謝らないばかりか、ひらきなおって理屈をつけ、責任を転嫁したり、相手が悪かったかのように言いくるめてしまう。こんな教師は、子どもからも父母からも信頼されない。小学生時代に教師から不当な仕打ちをうけていた子は、中学生になってから、中学の教師のささいなミスにつけこんで暴れる。中学教師がそれを押えようとすればするほど荒れてゆく。彼らは容易に教師には心を開かない。この反抗の重大な要因に〝教師は、ミスをしても謝らなかった〟が、挙げられる例がある。

現在、教師をしている人のなかには、叱られた経験のない人が多いのだろうか。だから、謝るべきときには謝るという、ごく普通のことが身についていないのだと思う。

子どもたちや父母から信頼され、愛されている教師は、謝り方がうまい。誤りを決してごまかさない。

謝り方のコツは、非を認めて弁解はしないことである。弁解すればするほど、〝謝った〟という事実が薄れてゆくから、相手は〝謝ってくれた〟と思わない。教師は子どもにたいしても、父母にたいしても弁解すべきでない。

「ほんとうに申しわけありません」

と、詫びるのが好感をもたれる。

抗議したり、叱ったりする側も、謝られてしまうと、あとの文句が続かないし、感情的なしこりも残らない。

きちんと謝られてしまうと、相手の抗議の鋒先《ほこさき》も鈍るわけだが、相手には〝なぜこんなまちがいが起こったのだろうか〟という疑問も残る。だから「先生、なぜこんなことになったのですか」という質問もでるだろう。

この質問にたいしては、事情を説明すればよい。勘ちがいや手落ちなら、事情を説明して「これからは、こういうことがないようにする」と明言すればよい。

しかし、他の教員との関係や、職員会の申し合わせにかかわることとの場合は、他教員や職員会に責任を転嫁せずに、自分の責任として説明しなければならない。いかに他教員や職員会申し合わせに非があっても、当面の責任者は自分であるという点を見落としてはならない。それは、教員間で、あるいは職員会で討論し明らかにすべきことである。この場合、今後の改善方法については、謝っている時点ではわからないわけだから、自分の主張や思いつきを述べてはならない。

最初に挙げた二例は、よく耳にするとくにひどい例だが、こんな教師は教師失格なので、本書の読者にはあるまいと思う。多いのは、単純ミスである。冒頭のプリントの誤字の例などは、謝り方によっては、教師への信頼を高める契機にもなるものだ。もっとうまい謝り方は、

「ご指摘のとおりです。うっかり誤字を書いてしまいました。ほんとうに申しわけないことです。ご親切に教えてくださって、ほんとうにありがとうございました。これからもお気づきのことがありましたら、すぐにお知らせください」

とりあえず電話では、このように謝っておいて、次回のプリントのさい、「前回プリントに○○の誤字がありました。ご指摘くださったお母さんが多数おられます。ありがとうございました」と訂正文を出せばよい。

新聞の記事、テレビのテロップにも誤字、誤植はそれほど珍しいものではない。新聞、雑誌などには誤植を直す専門の人がいるが、それでも誤植は発生する。プリントに仮に誤字があったとしても、過剰に恥ずかしく思う必要はないだろう。

誤りの指摘にたいし、「ありがとう」といえる教師は、第一級の愛される教師なのである。

Point. 5 ツボをはずさぬ説得

現在ではちょっと想像できないことだが、今から30、40年以前の「高度成長時代」には、教師などの公務員より民間企業の給与がはるかに高いという時代があった。「デモ・シカ教師」という言葉はその頃生まれた言葉だが、〝先生**デモ**やろうか〟〝先生**シカ**できない〟と考えて教師になったという意味だ。いわば他に就職先がなくて、やむを得ず教師をやっているという〝他職業からの落ちこぼれ〟教師を皮肉ったものだった。

しかし、最近のデモ・シカ教師は、〝なん**デモ**できる〟のに、〝いわれたこと**シカ**しない〟教師のことだという。つまり無気力教師である。

昔のデモ・シカ教師は教師志望で大学に進学したのではない。教育大学、学芸大学などいわゆる教育系学部以外の他学部出身だから、教師になってから教育の仕事の魅力にとりつかれた人もあったし、それを理解しないまま教壇を去った人も多かった。

それにくらべると、最近のデモ・シカ教師は教育系学部出身なのに、無気力だという点が特徴的である。問題はここにある。

教師という職業の魅力は、教え子に自己変革の意欲をもたせるところにある。ところが、ダメな教師は、知識を伝達したり、記憶させることだけが教育だと考えている。教育コンピュータなのである。コンピュータに意欲はない。

子どもたちが学校教育を通じて変わってゆくのは、知識や技術を獲得する過程で自分の能力に自信をもつからであるが、どの子も一様に伸びるわけではないから、さまざまな環境や条件のちがいによって、なかには挫折し、屈折し、意欲がもてない子もあらわれる。

教師の力量が問われるのは、このような子たちにたいする指導法である。意欲がもてない子に意欲をもたすには、教師にもそれなりの意欲がなければならない。〝いわれたこと**シカ**できない〟教師には、この意欲がない。

好かれる教師は、意欲がもてない子を説得して意欲をもたせた体験がある。だから、説得に意欲的にとり組むようになる。自明の理である。

では説得のコツはなにか。

まず、座席のとり方にコツがある。二人ならんで座れるところなら、その子とならんで座る。向きあって座るところなら、その子を先に座らせて、自分は斜め前に座る。決して真正面には座らない。誰でも真正面に座られると緊張するものだから、その緊張感をなくすために座席のとり方も配慮するのである。

第二に、話しあいの目的を明確に自覚し、その子が興味・関心をもっている話題をさぐり出して、その子の悩みに接近しようとする。学ぶ意欲を失った子は〝その日暮らし〟の刹那《せつな》主義におちいりやすい。そういう子には、家庭で毎日、机に向かう習慣がない。したがって起床から就寝までの生活規律がない。ズルズル、ヌラリクラリの生活である。予習の方法を知らないから予習をしない。これらが複合して、毎日を〝なんとなく〟過ごす子になっている。しかし、そんな生活をしていても、意識の底には〝きちんとしたい、勉強のできる子になりたい〟という欲求がある。その欲求を引き出して、現実のものとさせることが重要である。

第三は〝どんな子も勉強のできる子になりたい〟と願っていると考えたうえで、勉強ができる子になるための段階を細かく指示することである。

㋑翌日の授業でどのへんまで進むかを予想させる。前回の授業進度を思い出させ、それを根拠に予想させる。この作業を二〜三日やってみる。

㋺翌日の学習内容を予想し、わからない部分にしるしをつける。この学習を一か月続ける。

第四は、努力の**過程**でほめ、はげますことである。やりとげたとき、目標を達成したときにほめることも大切だが、それよりもっと大切なのは、努力しているときにほめ、はげますことである。とくに集中力の弱い子、根気のない子は、やりはじめたとき、取り組んで努力しているときにほめ、はげますことがコツである。

意欲をささえるのは自信である。子どもたちは自信をもちはじめたら、生活規律を自分で正すようになる。これが自己変革なのである。学習意欲にふれないで、自信をもたせようとしても、その子は救えない。学習は子どもにとって、もっとも重大な課題だからである。

Point. 6 専門書離れは無能のしるし

〝授業がうまくいかない〟〝子どもに学習意欲がない〟〝成績がひどく悪い子がいる〟という局

面にたいし、自分の研究不足や指導力の低さを棚にあげて、子どもの努力不足、父母の無力に責任転嫁する教師が多い。そういう人は教師自身の研究不足に原因があると考えて専門書にあたり、指導方法を改善するなど、自ら努力しようとはしない。子どもの生活実態をどう把握し、どんな対策を立てれば、当面する困難な事態を打開できるかという、専門家らしい姿勢に欠ける。

専門家は、困難な事態につきあたると、解決のヒントを専門誌や専門書に求めて書物を読みあさるものだが、教師にかんするかぎり、それは例外的で、多くの教師は、困難にむかうと無気力で、不勉強らしい。

かつて学校経営研究会がおこなった調査によ

ると、公立小学校の一般教員で、教育雑誌を読んでいるのは三二・五％にすぎず、教育関係の単行本を読んでいるのは、なんと一八・五％というのだから恐れいってしまう。調査では、二十歳から四十歳台の教師たちは、研究会からの文書、教育雑誌、単行本に接する頻度が低いとも指摘している。

それでは、教師は研究会に参加しているのだろうか。残念ながら、この結果も悲惨で、「学校外で自主的な研究・研修会」に参加することが「多い」と答えた教師は、たった二五・四％、四分の一しかない。

「研究・図書費」として教員に渡された「図書券」を学校出入りの書店に現金で買いとらせる教員がいるとか、まんが・劇画ばかりの週刊誌を定期購読している教員がいるとか、芳しくない話も耳にするが、この調査結果は、そうした教育の専門家とはいえない教師が多い実態を裏書きしているといえよう。

専門分野についての新しい研究・実践を幅広く探り、それを日常活動に生かしてこそ専門家であるはずなのに、三分の一の教師しか教育雑誌を読まず、五分の一の教師しか教育専門書を読まず、四分の一の教師しか研究会に多く出席しないという小学校教育の現状では、落ちこぼれの子を出さず、どの子にも行き届いた教育を押しすすめるなどという理想は夢幻《ゆめまぼろし》のたわごとでしかない。

大多数の教師は、専門誌も専門書も読まず、研究会にも出席しない怠惰で無気力ななまけ者だということは、当然ながら児童・生徒の眼にも映っている。

総理府青少年対策本部の調査によれば、悩みや心配ごとがあるときの相談相手として「先生」をあげた子は、複数回答にもかかわらず五・二％しかない。子どもたちは、学校の友だち（六四％）、母（四〇・三％）、父（一八・八％）、兄弟（一五・八％）に相談している。専門家としての力量を高めることに無気力で怠惰な教師たちなど、はなっから相手にしていないのである。

では、教師はどんなメディアから情報を得ているのだろうか。冒頭の調査によれば、新聞五九・二％、テレビ・ラジオ三五％で、教師たちの主たる情報源は新聞・テレビ・ラジオだという。ここにはなんの専門性もない。

しかも、ここで注目すべきは、新聞も読まない教師が四割、テレビ・ラジオも視聴しない教師が六割五分もいるという事実ではあるまいか。これでは、教師は知識人であるとはいえない。

教師たちは、口を開けば「忙しい」という。しかし、忙しいのは教師ばかりではない。たとえば、「ＩＴ」産業に携わる技術者、専門家たちは、急速に進化しつつある新しい新技術に無関心でいることは許されない。それは即ち専門家としての存在を自ら否定することを意味している。

教師だけが例外的に変化の圏外にいられると考えるのは非現実的なことであろう。

教育分野の専門書、専門紙誌などで、教育に関する最新の情報を入手することは、かりにすぐに実践に応用できるか否かは別にして、教師、すなわち教育専門家には欠くことができない。各教科に係わる専門書・雑誌に加えて、教育実践、教育心理、児童心理などに関する専門書・雑誌にも目を通しておくことが望ましい。

Point. 7 尻抜けの報告忘れ

上司や同僚から仕事を頼まれたら、その仕事が終わったとき、その旨を報告する習慣がついているだろうか。もし、その日のうちに仕事が終わらずに翌日にもちこすようなら、その旨を中間報告しているだろうか。

どんな職場についてもいえることだが、仕事には人間関係がつきものである。その人間関係をささえるのは、自分の仕事に責任をもつ、頼まれた仕事に責任をもつということである。この責任感が強いかどうかが職業人としての信頼の有無となる。

たとえば、ＰＴＡ担当の教頭からＰＴＡ会長宛の連絡文書を届けるよう頼まれたとしよう。ＰＴＡ会長宅に届けたが、会長は不在で夫人に文書を手渡したとすれば、その旨を教頭に報告すべきなのである。

報告とは、指示、命令、依頼された内容の遂行状況、遂行内容を指示者、命令者、依頼者に報告することである。指示、命令、依頼の内容がどんなにささいなことであっても報告を怠らないのが責任ある態度である。

学年主任から「学年だより」の作成を依頼されたとする。しかし、その日は他のよんどころない用件のため、作成がはかどらず、翌日に仕事を持ちこさざるをえなかった場合、あなたはどうするか。

「『学年だより』に載せる材料は全部そろったのですが、半分しか書けませんでしたので、残りは明日やります。明日の放課後は印刷できると思います」

こうした途中の経過を報告する教員と、報告しない教員とでは、信頼度が異なることはいうまでもなかろう。

報告は、児童・生徒や父母にたいしても同様である。子どもに頼まれたことなら、

「さっき頼まれたことは、やっておいたからね」

と連絡すればよい。父母からの依頼なら、電話で報告しておけばよい。

公務出張から帰校した場合、「復命書」を提出することは常識であるが、この復命書は出張から帰ったらすぐに提出すべきものである。三日たっても一週間たっても「復命書」を提出せず、事務から督促をうけるようでは、責任感旺盛とはいえない。

出張の目的によっては、出張先でのできごとを簡潔なメモにまとめて、帰校後ただちに校長または教頭に提出すべきである。このような教員なら、必ず信頼される。

Point.8 あいさつは先手をとれ

登下校のとき、勤務校の子どもに会ったら、子どもがあいさつをしなくても、教師から「おはよう」「さよなら」と声をかけるのがよい。担任学級の子なら「○○君（さん）、おはよう、寒いね」くらいの言葉をつけるべきだろう。

休日に外出先で会ったときも同じである。子どもが気づかなくて教師が先に声をかけるときは、手をあげて「こんにちは」というが、子どもが気づいてあいさつを返してきたら、軽く会釈する。

父母に対するあいさつは、会釈では失礼で、腰をすこしかがめて礼をする。教師間でも年長者に対しては、腰をかがめて礼をするのが正しい。

校長、教頭など年長者には、校内ですれちがうさいにも軽く会釈すべきである。部外者、来客にも、校内ですれちがうさいは会釈すべきである。

朝、出勤して教員室に入るときも、夕方下校のため教員室を出るときも「おはようございます」「お先に失礼します」とあいさつすべきで、あいさつは常に相手より先にしようという心がけが必要である。

教師のなかには、事務職員や用務員、緑のおばさんなどにはあいさつをしない人がいるが、これは失礼である。誰にたいしてもあいさつしたり、会釈したりすべきで、こうしたあいさつの日常化が〝親しみやすい教師〟という印象を相手に与える。

こういうあいさつの日常化は、会社では当たりまえのことで、新入社員教育では、なによりも先にあいさつの仕方を教え、練習させている。ところが、教師のなかには、校長、教頭にあいさつするのは「〝対等・平等の原則〟を崩し、管理・統制の強化につながる」と誤解して、わざとあいさつしない人がいる。こういう人は、校長・教頭をはじめ、誰に対しても敬語を使わない。担当学級の子どもに対しても敬語を使わせない。

「○○先生と呼ぶな。○○でいい」などという〝指導〟を平然としてやっている。

こんな指導をしている教師が〝同僚に愛され、父母に支持される〟というすてきな教師になれるわけがない。

ごく親しい友人・知人の間では、いちいち敬語を使わないし、ぞんざいな、ざっくばらんな調子が、むしろ親しみを増してゆくこともある。

しかし、それと教育・指導とは別だし、まして校長・教頭など年長者に対する応対法でないことはいうまでもない。

Point. 9 エチケットは指導の始まり

〝教師のなかには無作法で、ごうまんな人が多い〟という声をしばしば耳にする。私が体験した範囲でも、あきれるような事例がある。出入りの業者と話すときに、テーブルの上に足をのせたままというのはザラにあることで、母親と話すときに毛ずねをなでながらという不謹慎な男性教師もいる。

女性教師でも業者にプレゼントを強要したり、ミニスカートで父母と面談という勇ましい方もいる。早く出勤した年配の教師が湯をわかし、お茶を入れてくれたのを、なんのあいさつもなしに、自分の湯呑みに……という女性教師もいる。

PTAから講演を頼まれることがあるが、講演を終えて帰るとき、玄関まで見送ってくれるのはいつも父母である。担当の教師は職員室でテレビを見ているという、信じられないような話が実話としてあるのが学校である。

相手が子どもだから教師が無作法であってよいという考えは間違っているだけでなく、子どもに嫌われる。身だしなみのよい教師は好かれるが、身だしなみの悪い教師は嫌われる。

授業中に生徒の前でたばこを吸ったり、鼻をかんだり、たんを吐いたりは論外としても、チャックがはずれてる、ネクタイがゆがんでいるといったことでも気にする子がいると考えるべきだろう。

授業は教師の晴れ舞台だという心構えがあれは、それなりの身だしなみもあろう。だが、身だしなみは〝つけ焼刃〟ではどうにもならない。とくに気をつけてほしいのは色彩感覚である。遊び着のような服装、結婚式によばれた時のような派手なものは避けなければならない。授業中は教師が子どもの注目をあびている。だから、教師の服装や動きを奇異に感じる子は授業に集中できなくなってしまう。教師の服装も指導効果に関係することがあるということを知るべきである。

子どもに接する時だけでなく、父母と接するときも注意したい。これもよく見かける光景だが、トレーニングパンツのままでＰＴＡに出席というのは、父母にたいして無礼である。

清潔で、さわやかな感じをあたえることが教師の身だしなみの基本である。

あいさつ、エチケットなどは、一言で言えば「常識」ということになろうが、常識が通用しないのが学校というところなのだからしかたがない。なぜ、「常識のない」ということがまかり通ってしまうのかと言えば、繰り返しになるが、学校というところが、その外の社会から、ある意味で隔絶された狭い社会をつくってしまっている点が大きいだろう。しかし、もし「常識」ということについて、形骸化した古いシステムの残滓のように理解されている向きがあるとしたら、その点については、次のように言っておきたい。確かに「常識」のなかにはそう言った方がよいようなものもあるが、「常識」とは、人間が社会を円滑に運営していくために長い間かかって磨きをかけてきたやり方（ソフトウエアということ）というべきだ。先に、校長、教頭にあいさつしない教師の例をあげたが、彼が頭のなかでどんな考えを持とうがそれは自由だが、そのこととそれを実行するのとは自ずから別の問題となる。どのような立派な考えを持っていようとも、あいさつを返さないような人物が周りの人からよく思われるはずがないに違いない。

Point.10 気配りは愛情のあらわれ

子どもたちが忘れものをしないようにするには、どうすればよいだろうか。

小学校なら「帰りの会」のとき、教師が、翌日持参するものを言えばよいわけだが、そのさい、連絡帳にメモさせ、メモの内容を隣りの席の子と見せあい、点検させるとよい。

中・高学年なら、翌日の時間割にそって、子どもたちに言わせ、メモさせるという方法もある。

三年生担任教師から、体育着を忘れて来る子が多くて困っているという相談をうけたことがあるが、これなども前日の帰りの会で、体育着・帽子と、メモさせればすむことである。宿題も同様である。

小学校低学年から正確にメモをとる習慣をつけたら、おとなになってもその習慣が生きて〝決して忘れないようにするにはどうすればよいか〟と工夫するだろう。

教師として子どもに持つべき気配りとは、その子が他人の助けをかりなくても自分で手落ちなくやれるように自主性・自立性を育ててやるためのものであり、自然で豊かな愛情に包みこむことである。その子がやれることを代わってやってやったり、むやみやたらに指図し、干渉するこ

とではない。

雪国の小学校で、雪の降る朝は低学年担当の教師が昇降口で子どもを待ちうけて、コートについた雪を手でパタパタとたたいて落としてくれているという話を聞いたことがある。雪国の冬がいかに寒く、いかに冷い風が吹いても、こういう暖かな教師の愛があれば、子どもは学校が楽しかろう。ちなみにこの学校には登校拒否の子も、いじめっ子もいないと聞いている。

気配りとは、その子を甘やかすことではない。その子の気持ちを大切にしながら、その子を励ますことである。内気な子の隣りには同じように内気な子を座らせるのも、近視や難聴気味の子を前の席にするのも気配りである。

担当学級の子の誕生日を日記にメモしておい

て、誕生日にはその子に「おめでとう」とさり気なくいうのも気配りである。

気配りは愛情のあらわれだから、子どもを愛していなければ気配りは出てこない。しかも教師の気配りは、どの子にも平等なものでなければならない。そのために教師は、子どもの生育歴や特技、悩みなどを正確につかんで、学級を明るく、楽しくしなければならない。

共働きと片親の家庭の子が多い学級で、子どもたちが家庭でさみしい食事をしているということに気づいた教師が、給食の時間を楽しくする工夫をした。

この学級では、四時間目が終わると、すぐに子どもたちが四～六個の机を寄せ集めて食卓をつくる。テーブルクロスを机上にかける。一輪挿しの花を飾る。黒板をカーテンでかくす。当番の子が白衣に帽子をかぶって配ぜん車を教室に運んでくる。お盆係、食器スプーン係、牛乳係、パン係、おかず係、デザート係が、自分の役割にしたがって食器をならべたり、盛りつけたりする。食事が始まる。

教師は、各グループを交代に訪問して一緒に食事する。子どもたちは教師に気楽に話しかける。教師は授業では見られなかった面まで理解できるようになったという。

この教師はこの指導のため、黒板をかくすカーテンを自費で買った。カーテンは季節の変わり目にそれぞれの季節にふさわしい色・模様のものにとりかえられている。これが気配りである。

Point. 11 話し上手は聞き上手

教師は話し方が上手でなければいけない。話し方が上手な人にはつぎの五条件がある。

①論旨が明快である。

結論や主張が明快で、誤解を生まない筋立てで話すし、なによりも話にムダがなく、したがって脱線しない。

②具体例があり、わかりやすい。

〝たとえ話〟と具体例は、異質なものである。〝猫に小判〟は〝たとえ話〟だが、〝町でこんな事件があった〟は具体例である。イソップ物語は寓話（たとえ話と考えることもできる）だが、ルポルタージュは具体例である。しかも、わかりやすい話というものには、具体例が盛り込まれていることが多く、それも聞き手にとって親しみやすく、場面や登場人物などによく理解が及ぶ話が望ましい。

③語尾が明瞭であり、発音も聞きとりやすい。

話し上手の人は、相手にわかりやすい発音で話すし、聞きとりにくい発音がない。とくに教師は、口のなかでモゴモゴいうような話し方、唇をはっきり開かない話し方は禁物。こういう癖のある人は、発声・発音の練習をするくらいの努力がほしい。

④「その」「あの」「えー」「あー」など意味のない言葉が少ない、あるいはない。

意味のない言葉は耳ざわりなだけ。話し上手は「そのう、なんですね」などという意味の無い言葉を決して使わない。とはいっても、そのことを意識し過ぎてかえって話しにくくなるようだと意味がないので、そういう場合はあまり意識しすぎない方がよいかもしれない。

⑤人の話を終わりまで聞き、話に不十分な個所があれば質問して話を続けさせる。

話の下手な人は、人の話に割り込んで勝手に話をしはじめるし、人の話を注意して聞かないから、相手の話のポイントを聞きもらしたり、相手はきちんと話しているのに質問して同じことを二度も三度も話させる。

これは、たんに相手に失礼なだけでなく、自分が相手の話を正確に理解する能力に欠けるということを言っているのと同じことになる。

ベテランの新聞記者が書いた解説は、たいへんわかりやすいものだが、そのわかりやすさは、論旨の明快さ、具体例の適切さ、読者が知りたいことはムダなく書いている、などの点にある。これは記者が新聞を書く技術を十分身につけていることに加えて、取材にあたって、相手の話を自分なりにまとめ、必要な点は質問して補い、そのことがらについて十分に理解して書くからだろう。つまり、聞き上手なのである。

話すことと書くことは同じではないので、文章の名手が必ずしも話し上手だというわけにはいかない。文章を読むととてもわかりやすいのだけれど、話を聞くとわかりにくいという人もある。しかし、それはそれとして、文章のわかりやすさが、論旨、具体例、ムダのなさなどの点にあることに間違いはない。そのことは参考にすべきだろう。

聞き上手とは、相手の話を全面的に知ろうとして聞く人である。話を聞くまえに、自分なりに話の内容を予想し、予想のはずれた内容について自分の理解を深めようとしている。自分が予想した通りの内容であっても、内容の説明の仕方、具体例などについて有益な知識となる点があればとり入れる。

このように考えると、聞き上手とは、話の内容を自分なりに予想でき、新知識吸収の意欲が盛んな人だといえるし、自分が理解するまで相手から聞き出そうとする人だともいえる。聞き方が論理的なのである。

こういう聞き上手は、他人の話し方に注目し、わかりやすい話し方についての関心や知識も十分に持っている。この聞き上手が、発音明瞭なら、話し上手ともなる。

話し上手は、いつも他人の話し方に注意しているものなのである。

人気のある教師となるためには、話し上手であることが必要、ということはあらためていうまでもあるまい。

Point.12 下手で結構、まず動け

教師は〝一芸に秀でる〟か、それとも〝多芸多才〟であるか、のいずれかを選ばなければ、子どもや父母の心をつかむことはできない。〝一芸に秀でる〟とは、その世界でも抜群の力量ということだから、そうなるのはなかなかむずかしい。

しかし、〝多芸多才〟は、なににでも関心をもち、なにに関しても上手とまでは言えなくても一応はこなす、ということだから、これなら誰でもなれる。

もちろん〝なんでも……〟といっても、教師の場合はあらゆるものである必要はない。学校教育とかかわりのない分野に関心がなくてもさしつかえはない。

ここでいう〝なんでも〟とは、学校教育としておこなわれることなら〝なんでも〟という意味

である。

クラブ活動の顧問なども一例といえる。社会科担当で、サッカー部の顧問だった教師が転出し、後任が着任したが、その教師は〝サッカーボールに触れたことさえない〟といって、サッカー部顧問になるのを拒否した。教頭は教師全員に〝サッカー部顧問になってくれないか〟とたずねたが、だれもサッカーの経験がある者はいない。〝苦手だ〟という教師ばかり。

こんなとき、すてきな教師は発言する。

「私もサッカーはやったことがありませんが、いま私がもっている演劇クラブを引きうけてくださる先生がいらっしゃれば、私がサッカー部をもちます。生徒と一緒にサッカーをやってみたいと思いますから」

運動部の顧問は、監督・コーチができるにこしたことはないが、生徒より下手でもやる気があればできる。生徒と一緒に汗を流す姿勢が生徒を引きつける。コーチできなければコーチのできる人を探して、コーチになってもらえばすむことだ。

しかし、顧問がなければ、クラブは成立しない。

空手をまったく知らない教師が顧問なのに、入部希望者が多く、部活も盛んな学校がある。この部は、指導者を外部から週一度よび、その指導を受けさせている。おそらく部員がその教師を深く信頼しているため、部活動がさかんなのだろう。この空手部顧問教師は「顧問のいない部は、学校から認められません。空手練習を通してなにかを学びとり、あるいは自分に自信がもてるようになれば部活動の役割は果たしている、といえます。だから、顧問になっています」という。

子どもはやりたがっているが、顧問教師のなり手がなくて、部活動ができないという例は決してめずらしくない。子どもがやりたがっていることをやらせるなかで、子どもの能力を伸ばし、自信をもたせるのが部活動の趣旨なのだから、子どもが好きなら、たとえ自分はできなくても、下手くそでも、顧問になって、まず部活動を成立させるのが、教師としてあるべき姿である。

教師のなかには、学級経営では子どもに係をおしつけ〝いやでもやってみなさい〟などと指導するが、校務分掌や、学校行事での諸係を決めるさいには尻込みし、楽な分担ばかりを希望する教師がいる。これがダメ教師である。

初めてやることならうまくいかないかもしれない。しかし、先輩からやり方を聞けば、誰にでもできるはずのことである。尻込みせずに、〝下手だけど、やってみよう〟と意欲をもやす教師。こういう教師は必ず子どもに好かれるし、同僚に信頼される。

Point.13 叱り上手は誉め上手

誰でも叱るときは目的をもっている。

第一は、最もふさわしい行為を考えさせるためである。叱ることによって〝どうすればよかったのか〟を考える動機を与えるのが目的である。

第二は、危険な行為や反道徳的な行為を禁止、抑制するためである。叱ることによってそうした行為が再びおこなわれないようにするのが目的である。

第一の場合は、怒りにまかせて叱るということはないが、第二の場合は、ややもすれば怒りの感情をあらわにして叱るをことになりがちである。いずれにしても、叱ることによって子どもに正しい方法・習慣を教えるわけだから、まったく叱らない教師も、叱ってばかりの教師も困った存在になる。

叱れば、叱った側も叱られた側も気分がよくない。そうした気分を転換させる配慮がないと、叱ることによって得ようとした効果が薄れ、ときには、叱った目的に達しないだけでなく、逆に恨みや拒否感を抱かせることになる。では、叱り方のコツはなにか。

第一の心構えは、叱る以前にある。日常、子どもの行動をよく観察していて、その子の年齢や性格からみて当然のことをしたとき「よくやっているね」とその行動を肯定する認め方をしておくことである。約束を守るという当然の行為でも「約束したことは必ず守るんだね。気分がいいよ」と認めてやれば、子どもは「認められた」のを「誉められた」と感じ、自分のやれることは、やろうと努力する。子どもの年齢・発達・性格からみて「それが当然だから」とし、評価しない教師は〝叱るばかりのいやなヤツ〟と思われるから、叱らねばならぬ行為を指摘して叱っても、子どもはすなおに反省したり、改めようとしたりすることがない。一方、ふだんから子どもをよく観察し、肯定的に認め、励ましている教師に叱られたとき、子どもはすなおに反省し、改めようと考え、努力するのである。叱り上手は誉め上手なのである。

第二に、叱られる側の気持ち・感情を配慮し、理解して叱ることである。叱られることは気分がよいものではない。〝泥棒にも三分の理〟のことわざ通り、叱られるようなことをするには、それなりの理由があってのことだと、その子の気持ちを理解する立場を守ることが必要である。したがって、叱る場合は、子どもの行為や事実は厳密に限定することがとても大事なことになる。つまり、私は君がさきほど行なったこれこれのことについて叱っているのだ、ということを相手に正確に伝えること。まちがっても「おまえはいやなヤツだな」「いつもこうじゃないか」「この前に叱られたばかりじゃないか」「親がこれでいいといってるのか」など、性格、過去、家庭などにふれるような叱り方をしてはならない。

叱るときは、叱るべき事実、行動を指摘し、それだけ叱ったうえで、「きみもつらいだろうが、いつもの君のように優しい気持ちをもって、がんばりなさいね」といったようなその子の感情をうけいれた言葉を加えるべきだろう。

第三に、成績や技能にかんして叱る場合は事実や結果を指摘して叱ってはならない。本人の意欲や努力の不足を指摘するのがよい。これは誉める場合も同様で、意欲や努力は誉めるべきだが、結果や技能だけを誉めると、失敗にたいする不安が強まり、逆効果となる。

Point. 14 問題児には接近戦術

「えこひいきをしている」と自覚している教師はいない。しかし、えこひいきをしていない教師はたいへん少ない。

中学校で問題児になった子は、小学校時代にえこひいきの被害をうけた子であり、高校で問題児になった子は、中学時代にえこひいきの被害を受けた子であるという例が少なくない。〝加害〟者である教師は、〝えこひいきしていない〟と思いこんでいるのだから、同じような問題児はこれからもいなくなることがないだろう。

もちろん、問題児にした責任は、教師だけにあるのではなく、家庭にもある。とくに小学校時代に根ざした問題傾向の原因は、父母のしつけ方にあると断言してもよい。

ゆえに、問題児の指導では、学校（教師）と家庭（父母）の意思統一が不可欠だが、ここでキメ手となるのは、やはり教師の対応ということになる。

教師が厄介者扱いしている子には、他人から愛された記憶がない。愛されるということは認められるということでもあるのだが、〝おっ、やってるな〟〝やあ、がんばったねえ〟などと評価されたことがなく、叱られた記憶しかない。中学生になるまで、〝なにをやっても叱られもせず、無視され通しだった〟という子もいる。

問題児たちは、わがままで、自己中心的発想が強く、愛されたいという欲求もたいへん根深くもっている。愛されていることを自覚している子には、いつも愛されていたいという欲求があるから、規律、思いやり、根気などの良い習慣が身についているが、愛されたことのない子には、こうした良い習慣がない。愛されることと良い習慣とは、ニワトリと卵の関係で、どちらが先行するかを判断するのは難しいが、教師は、愛することを先行させるべきだろう。

愛するとは、その子の〝人間として、社会人として〟のふさわしい行動を認めることである。**〝認めている〟**ことを明確に知らせることである。〝人間として、社会人として〟ふさわしくない行動ばかりに眼を光らせていると、その子の〝人間として、社会人として〟ふさわしい行動を見落としてしまう。どんな子にも、そうした〝人間として、社会人として〟のふさわしい行動があるのだから、その一瞬を見落さずに、認めてやることが、その子への愛の第一歩となる。

問題児の行動にほんのすこしでも努力したことが認められるなら、すかさずに認めてやる教師、励ましてやる教師がすてきな教師である。

では、見落さないためには、どんな注意と努力が必要か。

第一に、どんなことでもいいから、誉めるところを見つけようと努力すること。

〝髪がきれいだ〟〝脚がスラリとしてかっこうがいい〟〝笑顔がいい〟など身体に関すること、〝卓球の選手だった〟〝字が上手だった〟といった特技など、とにかく、なんでもいいから、誉めてやるきっかけをつかもうと努力することが基本である。

第二に、自分自身の失敗談をたくさん用意して、相手を誉め、自分の失敗談で親近感をもたせること。

失敗談は、日常的で、子どもにわかりやすい内容がよい。自慢話や、相手を見くだしたような言い方は絶対にしてはならない。自慢話は、どんなことでも聞く側に不快感を与える。ドジな私、あわて者の私などは本人の体験であるだけに親しみがわくものである。

第三に、叱るときでも、必ずこちらが認めていることを子どもに伝えること。誉めることをつけ加えたうえで、叱るべき内容を一点に絞って話すことが大切である。「君らしくないね」、「君がこんなことをしたら他の者がまねるじゃないか」といった自尊心を認める言葉でもよい。問題児は自尊心を傷つけられるような言い方を極端に嫌うから、自尊心を傷つけながら叱っても、効果はない。

この三点は、問題児に接近するうえで欠かせないポイントといえる。

第2章

学校に新風をまき起こす

Point.
15 改革の風に乗り遅れるな

N県のF先生は、農村の小学校に採用が決まった日から大学生協の書籍部や市内の大書店をまわって教育関係の書籍を買い集めた。大学の図書館で教育関係の良書があると発行所を書きとめて書店に注文した。農村の小学校では教育専門書を入手できないだろうと思ったからだ。

三月末にその学区内の農家の下宿に引っ越した。買い集めた書籍類が主な荷物だった。

引っ越した翌日、学校にあいさつに行くと校長、教頭はじめ全職員が歓迎してくれた。担任は三年生と言い渡された。一学年一学級の小規模校なので〝学級担任は学年主任でもある〟と、教頭が解説してくれた。

地域は米作中心の農家が多いが、山にはウドなど山菜がとれるので、米、野菜のほか、山菜も出荷しているという話や、家の仕事をよく手伝う子もいるが、多くの子は都市部の子と同様で家に帰るとゲーム・マンガにひたっているという話、話好きらしい校長は地域の教育事情をこまかく話してくれた。F先生が担任する三年生の名簿は、一、二年と持ち上がってきた女性教師が作ってくれていた。新三年には転入生はないからといいながら、家庭調査表の綴りと指導要録の綴

りを渡してくれた。児童数二十四人の一人ひとりについて、簡単な説明もつけてくれた。遠足のときの記念写真だといって渡してくれた写真にはならんだ順に児童名を書き添えてあった。親切な教師だ。

教科書と教師用指導書、家庭調査表と遠足の記念写真をふろしきに包んで、ぶら下げて下宿に帰った。指導要録は校外持出禁止の重要書類だから持ち帰れない。

N県の田舎では、四月初旬でも田畑の雪が消えない。F先生は自室の小さなこたつに足を突っこんで、綿入れはんてんをひっかけて教科書をパラパラめくってみた。

「一時間目から〝教科書を開いて〟という授業で子どもがついてくるだろうか」

と、不安になった。一、二年と持ち上がってきた女性教師のやさしい顔が脳裏をかすめた。子どもたちがよくなついていたにちがいない優しい女性である。F先生は、高校・大学と一貫してバスケット部の部員だった。からだもごついが、顔もごつい。あの優しそうな女性教師のあとをこのごついおれが引きうけて、うまくいくだろうかと、また不安が増した。家庭調査表を見ても、遠足の写真を見てもこの不安は消えない。初めて担当する三年生への不安は増すばかりである。

「あの優しそうな先生になついていた子どもを、このごついおれの側に引きよせるには、どうしたらいいんだろう」

F先生は、買い集めてきた教育専門書のなかに、その回答があるような気がした。学生時代はバスケットボールに明け暮れて、教育実践記録など読んだこともなかったので、パラパラとページをめくるうちに、ますます不安になってきた。班づくり、核づくりを基調とした集団主義指導には圧倒されるばかりだった。班ノート、学級新聞発行なども、新学期の初めから、だしぬけに提起して、はたして子どもたちがついてくるかどうか不安だった。生活教育、生活作文関係の書籍をめくっているうちにふと「一口日記」という言葉が目にはいった。

「一口《ひとくち》日記」とは、その日にあったことで、印象に残ったことがらをできるだけ短く〝一口〟で書く、という実践だ。F先生は〝これならすぐやれる〟と思った。

学級指導の軸を「一口日記」におく、ということが決まると、一人ひとりについて知りたくなった。遠足の写真の顔と、家庭調査表とを見くらべて、どんな性格の子だろうか、どんな家庭の子だろうかと想像しているうちに、なんとなく〝自信〟がわいてきた。意欲がみなぎった。

多くの校長・教頭たちは、勤務校の教育実践をすばらしいものにしたいと願っている。とくに、父母・住民に熱烈に歓迎される教育内容で、県下に有名になるようなら申し分ないと思っている。〝現状で満足だ〟などという校長・教頭はごく少数だろう。ここに、改革の視点がある。

F先生の勤務校の校長・教頭の話や前任者の女性教師の配慮などは、若いF先生が新鮮な気持ちで教育にとり組んでくれるよう切望していることのあらわれといえる。

そうした周囲の期待に適切にこたえるのが、すてきな教師だ。こういう教師は、自分自身が自信のもてる着実な指導法を模索する。

F先生の準備は、そのためのものである。新学年を担当するにあたって、これだけの準備をしたい。〝よりよい教育内容にしたい〟という改革の風に乗って、たえず前進の努力を怠らないのがすてきな教師なのである。

Point. 16 ユニーク指導は人柄のあらわれ

すてきな教育とは、教師のすてきな人柄がにじみ出るような指導である。だれもが支持し絶賛する内容である。しかも、単に奇をてらっただけのものでなく、他人の実践の形だけをまねたものでもない、そんな指導であってほしい。

前項のF先生の場合を考えてみよう。

F先生は、前項でふれたように学級指導の軸を「一口日記」におくことにして始業式にのぞんだ。最初の学級会で、自己紹介をしてから、「一口日記」の書き方を説明し、毎晩書いて、翌日の朝、登校したらすぐに提出すること、と約束させた。

「〝学校から帰ってまんじゅうを食った。うまかった〟でもいいんだぞ」

と、説明したら、〝なあんだ、かんたん、かんたん〟と、子どもたちは気楽なものだった。この日記は、翌日から全員が毎日提出した。忘れた子には、一時間目の最初に口頭で報告させた。子どもたちは、この口頭報告をおもしろがって、冷やかしながら聞いた。F先生が最初の説明で「まんじゅうを食った。うまかった」という例をひいたためか、日記忘れ第一号のM男は「まんじゅうを食った……」という報告をした。とたんに声がかかった。

「どのくらいの大きさだや」

「だれにもらったんだ」

「おめえ、ひとりで食ったんか」

「いつもまんじゅうを食うんか」

つぎつぎに質問されたM男は、とうとう立ち往生して〝ほんとうは、まんじゅうではなくて、クラッカーだった〟と白状した。そして、〝きのうはなにをしたか、忘れてしまった。テレビを見ているうちに眠くなって寝た〟のが本当のことだと言って舌を出した。

〝日記忘れ第一号〟事件にヒントを得た先生は、全員提出した日にも、だれか一人を指名して報告させ、子どもたちに質問させた。F先生も必ず一回質問した。この子どもたちとのやりとりは、F先生と子どもたちの間にある垣根をたちまち取り払う結果となった。

ある朝、きかん坊のA彦が日記を忘れた。報告に立ったA彦は〝忘れたんじゃなくて、書くことが多くて、一口《ひとくち》じゃ書けなかった〟と言った。〝じゃ、全部話してみろ〟とF先生にうながされてA彦が報告した内容は、F先生の心を激しく揺さぶるものだった。

報告はつぎのような内容である。

A彦が学校から帰ると、食卓の上に「三角山にいるから弟を連れて来い」という置手紙があった。〝ウドを採ってるんだな〟と思って、ウド採りの前かけをして、弟を連れて出かけた。途中でウドを採りながら山を登っていくうちに雨が降りだした。はじめはポツポツだったが、だんだんひどい降りになって、頭や顔に当たる雨粒が痛いほどになってしまった。弟が泣き出したので弟をかばって木陰にかくれたが、稲妻が光るやら、ずぶ濡れになるやらで自分も泣きたくなってきた。

しばらくそこにいたら雨は小降りになったが、あたりがうす暗くなったので、もう父も母も家に帰ったのではないかと思って家に戻った。家には、もう父も母も帰っていて、父はビールを飲んでいた。母が「ウドは採ってきたか」ときいたので、ウド採りの前かけからウドを出したら、どのウドも折れたり、傷ついたりしていた。母は「こんなウドじゃ売りものになんねえ」といって土間の隅に放り出した。「めし食って寝ろ」といわれ、夕食を食べているうちに眠くなって寝てしまった。目が覚めたら朝で、日記を書くひまがなかった。……

F先生は、ずっしりと生活の重みを感じながらこの話を聞いていた。ところが、このA彦は勉強嫌いだ。F先生は〝なぜ勉強しないか〟と尋ねたことがある。

「父ちゃんが〝大学出てえらくなったやつにはろくなやつがいねえ。汚職だなんだと悪いことをするやつはみんな大学出だ〟とテレビ見ながら言ってた。父ちゃんは中学しか出てねえが悪いことはしねえ。だから、おれも中学出たら働く。大学に行かねえんだから、勉強しなくていい」

A彦はこう答えてケロッとしていた。F先生は絶句した。

A彦は蝉《セミ》の幼虫を見つけるのがうまい。セミの幼虫は、枯れ木で卵から幼虫にかえるが、かえった幼虫は木から落ちて地面にもぐり、草や木の根から汁を吸って育つ。セミは幼虫でいる間が長く、親になるまで七年から十年かかるという。その幼虫は一年目、二年目……七年目と土中でしだいに大きくなるわけだが、その間、幼虫は地面に小さな穴をあけている。A彦は、このセミの穴発見の名人である。発見法はA彦でないとわからない。

F先生は、勉強嫌いのA彦にいった。

「セミの穴のみつけ方をだれにでもわかるように言えるようになる、というのがおまえの勉強だ」

A彦のエピソードは、いずれも農村生活の原点に密着して生まれている。A彦の母親に会ったとき、母親はこう言ったものだ。

「私らが小学二年のころは、川原の石の上をぴょんぴょん飛びながら走りまわったものだけど、今の子はダメだね。私は今でも、A彦よりも川原での駆けっこは早いよ」

F先生はこの話を聞いてから、体育の授業に川原での駆けっこをとり入れた。たしかに子どもたちは敏捷さに欠けていた。こういう川原での体育授業は子どもたちに歓迎された。学校の裏山で、A彦にセミの穴をみつけさせながら理科の授業をしたこともある。

F先生は、一口日記では書けなかった子どもと父母・地域の生活を、子どもたちに報告させたり、父母から聞きだしたりしながら授業を進めている。F先生のユニークな指導が子どもたちをとりこにするまでそんなに時間はかからなかったということ。

ユニークな指導のポイントは、このF先生の実践に見事に示されている。

なによりも、子どもの実態、子どもの実生活にそくして、それぞれの子の特徴を生かし、励ますことなのである。そのために教師は先入観を捨て、白紙の状態から子どもと取り組まなければならない、ということだろう。

Point. 17 子どもの個性が授業をささえる

教師と子どもの接触時間の大部分は、教科学習である。教科学習に積極的でよい成果をあげる子に教師の視線が注がれやすくなるのは、やむをえないと言えないこともない。しかし、ここに問題がある。教科学習を教師の設定した特定の方法に固定してしまうと、子どもは学習内容に自由な方法、考え方をとり入れられなくなり、〝はみだしっ子〟が生まれるからである。

国語教材の詩を扱う場合でも、例えば、

①教師による朗読
②語句の説明
③鑑賞

という流れで講義式授業が進められると、子どもは、教師の審美観、詩論の枠内でしか詩を見れなくなってしまう。詩をどう朗読するかは、鑑賞の質にかかわるからである。

では、授業の流れを逆にして、

①鑑賞
②語句の説明
③朗読

という流れをつくったらどうだろうか。①の鑑賞を冒頭にすえる授業は、講義式ではやりにくい。どうしても、その詩を読んで、ひとりひとりの子どもが心に描いた世界を語るところから始めることになるだろう。その詩からなにを感じたか、その感性をどう豊かに育てるかを考えると、鑑賞から始まる授業にする方法を工夫すべきではないだろうか。もちろん、ほかにも多様な流れが考えられるだろうが。

詩教材の授業を「教師の朗読」から始めるか、それとも「子どもの感想」から始めるかという大ざっぱな分類だが、そのいずれをとっても、授業中に活躍しない〝はみだしっ子〟が生まれる可能性がある。

授業の流れをどう工夫しても、〝はみだしっ子〟は生まれる。では、〝はみだしっ子〟を生まない授業にするには、どんな注意が必要だろうか。

教師の指導法で、忘れてはならない条件の第一は、〝どの子にもできること〟をやらせるという配慮である。どの子も〝アッ、私にもできる〟という取り組みやすさを感じさせなければならない。

第二に、子ども自身が〝取り組んでよかった〟と自己評価できなければならない。子どもが〝よかった〟と自己評価するのは、

①努力したことが他人（教師・友人など）に認められ、評価されたとき。
②自分の特技・特徴が仲間に評価され、仲間から尊敬されたとき。

③仲間の一員として重視されたとき。

などである。

教師にはどの子もこうした自己評価ができるよう、個別指導のチャンスを見逃さない注意深さが要求される。

前項で紹介したF先生の指導では、〝日記忘れ第一号〟問題にも、A彦とのやりとりにもこうした配慮がある。一口日記自体〝わたしにもできる〟と思わせて成功しているのだが、F先生は書かせっ放しでなく、子どもが書いてきた内容を指導の素材に生かしている。子どもたちに質問させ、その質問に答えるという形式を通して、事柄を細かく見つめ、表現するという言語指導になっている。

しかも、A彦の特技であるセミの穴発見を理科指導に生かしたり、A彦の母親から聞いた川原で駆けっこの話を体育指導にとり入れたり、これらはすべて子ども・父母・地域の特性を生かした授業になっている。

こうした指導の工夫が、子どもと父母の心をつかむ条件となる。子どもも、父母も、自分が役に立っている、ということに喜びを感じる。子どもや父母を、役に立てるためには、教師の工夫と配慮が必要なのである。

Point. 18 挫折の体験は教師の宝

すぐれた教師に必要な体験は、失敗に悩み、不安にさいまなれながらも、挫折感とたたかって、それを克服した体験である。なぜならば、第一には、それが傷つき苦しんでいる子どもの心を理解するきっかけになるからであり、第二には、教師の仕事の意味を理解し、そこから生じる課題や困難にもくじけることなく立ち向かっていく意欲と自信のよりどころとなるからである。

人生には、不安や挫折がつきものだ。学校を卒業して初めて職場にはいったり、転任して新しい仕事についたりするなど、新しい環境に置かれると、従来のやり方では通用しないことが出てきて、どうしてよいか分からず悩むということも少なくない。

とくに大学を卒業して初めて教壇に立つ若い教師は、学生時代には体験したこともない大きな責任を負わされ、自分で仕事をしなければならないのだから、困惑も大きい。

教育活動は、今までにないものを生み出す頭の働きを要求する。書物を読んだり、先輩や教授に聞いたりすれば回答が出てくる学生時代と異なるのはここである。学生時代に学業成績が最上位であっても、教師としては〝落ちこぼれ〟という例が珍しくないのは、教師は子どもの多様な

発想にたいする多様な対応を工夫しなければならないからである。
すでに習ったことを思い出せば事たりる仕事なら工夫する力は不要で、せいぜい早く思い出すように努力すればよい。学生時代に、こういう〝早く思い出す〟力だけでよい成績をとってきた学生は、教師という新しい立場になって〝いくら思い出そうにも、そういうことは学校で習ってこなかった〟という新課題が次々にあらわれると、もう対処できなくなる。これにショックを感じ、自分は能力がない。この仕事にむかない、と思い始めると不安がふくらんで、どうにもならなくなる。これがスランプであり、挫折である。
学生時代の勉強は、テストを通して、労力に見合った結果が得られることが多いが、職業人の勉強は必ずしも労力に見合った結果が得られるとは限らない。むしろむだのように思えることの方が多いかもしれない。職業人が勉強するのは、良い仕事をしようとするからだが、職業人が挑戦するのは、他人がまだ手がけてない、工夫を要する仕事ばかりだから、学生の勉強のようにすぐに効果が見えてこない。新しい仕事はやり方をいつも工夫していなければならない。

教師の仕事は、教科書に書いてあることを覚えさせればよいというものではない。教科書も使って一定の到達目標に子どもたちを導くという仕事であるが、教科書の教材は到達目標ではなく、目標に到達させる手段の一つにすぎない。だから工夫がいる。

しかも、子どもの学習条件は厳密にいえば一人ひとりみな異なっている。既習知識の習熟度、学習環境、地域や家庭の文化状況など、どれひとつとってもそれこそ「十人十色《といろ》」である。そのような多様な状況におかれた一人ひとりの子どもを、すべて一定の到達目標にむけて努力させようというのが学校の目的で、これが教育基本法第三条の定める「国民は、ひとしく、その能力に応ずる教育を受ける機会を与えられなければならない……」の精神である。

したがって、教師として必要な資質は、学級の一人ひとりの子どもに見合った学習指導方法をいつも工夫しようとする意欲と努力である。いわば追求的思考力というものが求められているのである。

ところが、教師は長い学生生活を通じて、既習知識を思い出す訓練はうけているが、新たな方法を工夫し、日々途切れることなく起こる事態に適切に対応する訓練は受けていない。大学でもこんなことは教えない。いや、教えようとしても不可能だというのが正しい。それは、個人の頭の働かせ方にかかっているからである。そこで、新しい事態に対応するために、一見、むだと見えるような努力をねばり強く続けることができる資質が重要となる。

この資質がないままに教師になると、個々の子どもが抱える問題に対応できなくなる。

前項で紹介したF先生のよさは、この資質のよさである。F先生が担当することになった三年生は、一、二年時代に優しく優秀な女性教師が担当していた。このあとを引きついでうまくいくだろうかという不安は、教科書の内容をどう教えたらいいかという不安に重なった。さらに家庭事情がよく分からないという不安もあり、専門書を読んでも確信が持てなかった。不安は増す一方だった。すべて未知の世界にひとりで踏みこんでいくときの不安だった。

多くの若い教師たちは、こうした不安を感じるどころか、予測もせずに教師生活をスタートする。だから、スタートしてから右往左往し、なかには行きづまって心身症になる教師さえあらわれる。自殺した教師もいる。

F先生が三月中に出勤して予備知識を仕込み、不安におびやかされながら解決方向を模索して工夫したのは、F先生が〝ガリ勉〟型の学生でなく、スポーツマンとして学生生活中に多様な体験をしていたからだと思う。

スポーツに本気で取り組んだ人は、劣等感や挫折感を味わい、きたえられている。苦しい思いやくやしい思いも体験し、乗りこえているから挫折に強い。F先生から学んでほしいのは、このねばり強い資質である。このような意味で、教師には鋭さよりも鈍さの方が求められるときもあるのである。

Point. 19 学級担任に四点の基礎知識

知識を伝達し、習熟させる仕事はコンピュータが上手だが、コンピュータを教師にすることはできない。コンピュータは、どの知識をどの子に与えるかを選ぶことができないからである。いかなる重要な知識も、その子の既習知識、習熟技術を無視して与えることはできない。知識を習得するには、その知識を理解するのに必要な基礎知識・技術が必要だからである。一つの知識を与えるにも教える順序がある。

コンピュータにできないことがもう一つある。どんな指導をいつ、どのようにすればよいかを決め、実施することである。教師の役割はここにある。

では、この判断をくだすためにはどんな準備が必要なのだろうか。前項でも紹介したF先生の場合から考えてみよう。

F先生は、四月一日付発令の辞令をうけとる前に学校に顔を出している。発令前には出勤しなくてよいのだが、F先生は新学年への準備を開始した。新任者が三月下旬に一応のあいさつに出向くのは当然の心構えである。

地方によっては、このときお茶菓子持参、母親同伴という〝慣例〟もあるようだが、これはとんでもない話で、幼稚園児ではあるまいし、父母に付き添ってもらって出勤するような過保護育ちの教師では受け持ってもらう児童がかわいそうである。

学校側の配慮という問題もある。F先生の場合は、学校長、教頭、そして一、二学年当時の担当教師の応対は申し分のないものであったが、どの学校でもこうした応対があるとはいえない。とくに、一、二年当時の担任教師の配慮などは、異例であって、こういう配慮は他の学校にはないと考えたほうがいい。

したがって、Ｆ先生が前担任の女性教師から受けた指導内容は、新任者なら自主的・自発的に質問して承知すべき事柄であるといえよう。念のため主要な点を列記する。

①地域の産業、地域の事情を知る
②通学区の特徴を知る
③父母の特徴を知る
④子どもの名前と家庭環境の概要を知る

①については、市町村役場が発行している市（町・村）政要覧を参考にすればよい。
②については、実際に自分の目で見るのがよい。散歩をかねて歩きまわったうえで、先輩教師にきくとよい。
③④は家庭調査表をじっくり読めばわかる。もし、児童・生徒の写真があれば、名前と顔が一致するよう、よく覚えるとよい。

愛している人については、いろいろなことを知りたくなる。知れば知るほど、その人への愛が深まる。教師の子どもに対する愛もおなじである。子どもの生活環境をよく知っていれば、その環境から生まれる考え方を理解できる。これが子どもに対する愛を育む土壌となる。教師の心構えで大切なことは、どの子にも偏見をもたないようにすることだが、そのためには、子どもの生活環境をよく知らなければならない。無知は偏見を助長するが、熟知は愛情を育てる。ひとりひとりの生活をよく知っていれば、〝えこひいき〟などしなくなる。

Point. 20 成績向上のポイントは生活規律

どの子も勉強のできる子になりたいと思っている。そのためには努力して勉強しなければいけないと思っている。しかし、一生けんめい勉強している子は半数もいない。深夜まで起きている子は多いが、そのほとんどがゲーム、テレビ、まんが、週刊誌などをなんとなく聞いたり、見たりしているだけだ。

こういう子どもの生態は、大都市も辺地もかわらない。

非行にはしっている子、授業を落ちついて聞いていられない子、弱い者いじめする子、わがままな子は、日本全国のどの学校にもいるが、これらの子に共通して見られるのは、夜ふかしと朝寝坊、ダラダラした日常生活だ。

学級担任になったら、生活日程表を提出させてみるとよい。提出された日程表と実際の生活が同じかどうか、父母に尋ねてみるとよい。どの学年・学級でも夜ふかしの朝寝坊が多数派のはずだ。

必要な睡眠時間は、小学校低学年で十一時間、高学年で十時間、中学生で九時間半、高校生で八時間とされているが、この標準にてらし合わせて日程表を組ませるのも一方法。

これを参考にすると就寝と起床の時刻はつぎのようになる。

	就寝	起床
小学校低学年	午後八時まで	午前七時まで
小学校高学年	午後九時まで	午前七時まで
中学生	午後九時まで	午前六時半まで
高校生	午後十時まで	午前六時まで

この時刻までに就寝・起床するのを「朝型」といい、この時刻より遅く就寝・起床するのを「夜型」という。

夜ふかしの朝寝坊とは「夜型」の子のことで、問題児、学業不振児は例外なく「夜型」である。「夜型」の特徴は、無気力で根気が続かないことである。したがって「夜型」の子は、学年が進むにつれて不得意教科が増えてくるという場合が多い。「朝型」には能力の高い子、意欲的な子が多

く見られる。根気強く物事をやりとげる強い意志と、規律正しい生活が「朝型」の特徴である。

「朝型」の子の学力が高いのは、朝、自宅で三十分（小学生）ないし一時間（中・高校生）の予習時間がとれるからである。

前夜、就寝前に予習・復習を一通りしているが、朝のこの時間にもう一度、前夜の予習・復習の内容をおさらいして登校している。中間考査や定期考査の朝、前夜、勉強したノートや教科書に目を走らせた記憶があるだろう。あの方法を毎日実行しているわけだから、これで成績がよくならないわけがない。

一般に教師は「勉強しなさい」とハッパをかけるが、勉強のしかた、勉強時間のとり方を教えていない。

学級担任は、担当学級の子どもの生活全般にわたって指導できるし、父母とも直接話しあえるのだから、〝勉強してますか〟〝お手伝いしますか〟などと、とりとめのないことを質問するのではなく、毎日の生活日程表にもとづいて具体的に質問し、父母に助言すべきなのである。

念のため、つけ加えると、夕食は六時～六時半が理想。夜の学習は〈低学年〉七時～七時半、〈高学年〉七時～八時半、〈中学生〉七時～八時半〈高校生〉七時～九時半の時間帯が好ましい。この時間帯に視聴したいテレビ番組があれば、その時間分だけ、夕食前に勉強するという具合に自己管理ができるようになればなおよいだろう。

Point. 21 目立つわがまま、目立たぬわがまま

『論語』に「七十にして心の欲する所に従いて矩《のり》をこえず」という章句がある。心のままに振る舞っても、行き過ぎたり、間違ったりしない、というような意味であろう。老いも若きも男も女も欲望のままに行動することがもてはやされ、聞くにも見るにも堪えないような事件が次から次に起こっている日本の現状の前に、この章句を持ってくると、皮肉としか受け取れないかもし

れない。とはいっても、これは人間の生き方の理想を述べたものであるから、いちがいに現代日本の状況をこれをものさしにして批判しようとしてもあまり意味がないだろう。ただ、ここ五〇年ほどで世界中に広がった人間の物質的欲望を可能な限り充足することが善であるとする行き方は、遠からず許されなくなるだろうことだけははっきりしていると思う。子どもたちの現状がなにより雄弁にそのことを主張しているではないか。

それはひとまずおくとして、わがままというのは、『論語』の言葉を使えば、「矩をこえて」しまうことであるが、ここでは、わがままを次のように定義することにする。

第一のわがままは、掃除をサボって遊んでいるという型。やってはいけないことをやっているわがままである。

第二のわがままは、学級委員になれとみんなに言われているのに〝いやだ〟といって拒否するわがままである。

前者は〝いじめっ子〟に多く、後者は内気な子に多い。両者の共通点は〝きまり〟を守らないことにある。人が生きているかぎり、なんらかのきまりに拘束されるし、さらに、きまりに従うことによって人としての成長も保障されるわけだから、いかなるわがままも認めず、きまりに従いながら成長するよう努力する子に育てなければならない。

第一の〝やってはいけないことをやる〟わがままっ子に対する指導では、この子のもつエネルギーを正義や友情にふりむける努力が必要である。わがままな子はお互いに信頼できる友人がない。自分に都合のよいことは積極的にやるが、自分の主張が通らないとすぐにやめてしまう。わがままな子の積極性は自分に都合のいいことについてだけのものである。〝いじめっ子〟は、その典型例である。

第二の、内気な子のわがままは〝なにもやらない〟わがままの典型例である。引込み思案で、自分の主張をはっきり言わない。もじもじし、おどおどしている。この子は自意識・自尊心が強くて、他人の言葉に傷つきやすい性格で、自分のちょっとした言動にも、他人からなにか言われはしないかと思っている。

こういう子の指導では、教師がその子の長所をはっきり言ってやることが重要である。教師に認められることによって自信をもち、〝なにもやらない〟わがままから脱出する。なお、内気な子の隣席に積極的で陽性の子をすわらせて、内気な子を積極的にしようとする教師がいるが、この指導は誤りである。内気な子の隣席は、同じように内気な子がよい。内気は内気同士で話しあううちに、友人のよさを知り、教師から長所を認められた自信に助けられて、しだいに集団にとけこみ、集団の楽しさを知るようになる。

告げ口する子は第二の〝なにもしないわがまま〟の方の一例である。告げ口をするのは、この子の正義感、責任感が、他人の正義に反する行為、無責任な行為を容認できないからであるが、ふだん他の子から信頼されていないため、他の子と共同して不正、無責任とたたかうことができない。告げ口は、教師・父母の〝権力〟を借りて不正・無責任をつぶそうという〝虫のよい〟発想である。同時に、この子は教師・父母の〝権力〟が自分の側にあることを誇示したがる〝目立ちたがりや〟でもある。

一般に、告げ口をする子は、目立ちたがりやで、同年齢の子よりもおとなに親近感をもっている。世話好きの一面もみられる。

告げ口をする子のわがままは、おとなの力を借りて、自分の正義感、責任感を満足させようとするところにあるから、その主張に一面の正当性は認められても、集団の論理、集団の〝きまり〟には違反する。したがって、集団内では〝卑怯者〟として排除される。

目立つわがままの典型をいじめっ子とすれば、目立たぬわがままの典型は、引込思案の子と、告げ口する子である。いじめっ子は、正義感と友情を正しく育てることがポイントであり、引込思案は、教師がその子の長所を誉め、同じように内気な子と組ませることがポイントである。告げ口する子は、同年齢の子の遊びに入れ、集団で行動する楽しさを通じて子ども仲間から信頼されるように育てることがポイントである。

教師は、とかく目立つわがままを〝権力〟的に押えつけてなくそうとしがちだが、それはあまりうまいやり方とはいえない。目立つわがままだけでなく、目立たぬわがままにも目をむけ、本質的にはわがままが原因でも、子どもの性格・生育歴によって、あらわれ方が異なり、対処方法も異なることを知らなければならない。

Point. 22 現状分析でなく、夢を育てよ

教育とは、夢を語り、夢を育て、夢を実現する営みでもある。子どもに未来の夢を語らせるには、現実の社会の担い手としての気迫と努力を育てなければならないが、その気迫と努力を支え、励ますのが教育であるとも言えるだろう。

また、学校は地域の〝文化センター〟的役割も担っている。歴史的にも学校は運動会、学芸会、展覧会（スポーツ大会、文化祭、学校祭）などを通じて地域と交流してきたし、いまも、地域文化運動のセンター的役割を果たしている学校は多い。ＰＴＡを軸とした文化運動も各地で盛んで

ある。

社会教育の一環として、学校長はじめ一般教師がリーダーとなり、公民館活動を支えている例も数多くみられる。

過疎地では、地域の伝統的な芸能、地域行事の滅亡を憂えて、古老をたずねて教えを受け、子どもや青年につたえるという仕事をしている学校もある。地域住民の福祉、生活向上のため、住民とともに語りあい、骨身を惜しまずに奮闘している教師集団もある。

都市部では、新興住宅団地・ベッドタウンで、その地域を子どもたちにとって忘れられない〝ふるさと〟とするため、地域の〝子ども祭り〟を企画、いくつもの小・中学校が連合して実施している例もある。

このように地域住民とともに、村づくり、町づくり、ふるさとづくりに奮闘している地域では、子どもの基礎学力充実のための取り組みも進んでいる。授業内容の改善はいうまでもなく、課外授業、補習授業への創意工夫、小・中・高校が連絡・協議して学力充実への研究・討議とカリキュラム検討・編成もおこなわれている。教育荒廃の原因を専ら教師にのみおしつけようとする近年のマスメディアの暴力的な報道には、正直言って憤りを禁じ得ないが、そういう現状にあっても、地域住民・父母の願いに謙虚に耳を傾け、献身的努力を続けている教師集団も少なくないのである。

しかし、そうした意欲的な取り組みに背をむける学校長・教頭、一般教師も少なくはない。昼は職員室で競馬新聞に読みふけり、夜は賭け麻雀にうつつを抜かし、サラ金からの借金、ローン返済に追われ、子どもに教材を売りつけて、業者からリベートをとるという信じられないような実話がごろごろしているのも学校なのである。警察力が介入しにくいのをいいことにして、子どもによるリンチ、残酷ないじめに加えて、教師による暴行が横行しているのも確かに学校という場においてである（この点についてはようやく制度改革に手がつけられ始めたようであるが）。

同じ憲法・教育基本法・学校教育法にもとづいておこなわれている学校教育でありながら、この天国と地獄とでもいうべき落差はなにごとであろうか。

これまで父母・住民は、学校こそ理想社会のミニチュアと思うがゆえに、学校教育に期待し、教職員の奮闘を望んできた。国・公立学校教員の賃金が一般公務員より高額でも、国民に異論がないとされてきたのは、そういう根拠があったからである。

教職員が生き生きと活動している学校に就任した教師が、多くの人たちの期待に背中を押されて奮闘しなければならないことはいうまでもない。そのような学校では先輩教師の語る夢に教えられ、励まされて、豊かでおおらかな夢を抱くことができるようになるだろう。その夢の実現にむかって、自ら学び、研究し、奮闘するのがすてきな教師、愛される教師である。

一方、校内の空気がよどみ、荒廃の風が吹きすさぶ学校に就任した教師は、学年会、教科会、校務分掌担当係会議などで、現状改革の夢をもつ仲間を探すことから始めなければならない。そこでは現状の分析ではなく、どんな夢を育てるかが語られなければならない。

現状をいくら分析し、問題教師や問題児について語っても決して展望は生まれない。いま、この学校で実現できる夢はなにかを探りあう中からこそ、展望はひらけてくる。

子どもたちの家庭状況、生活日程を調べて早朝行事を企画する。昼休みに学級の子と遊ぶ。家庭訪問を実施する。ＰＴＡ幹部と話しあう……どんなことでもよい。まず、行動をおこせ。夢と展望はそこからひらける。

Point.
23
沈黙と冗舌は罪悪と知れ

学級経営は、教師の個性と創造性が生かされなければならないが、その個性と創造性は独善的、閉鎖的であってはならない。学級が〝独立国〟になってしまうと、他学級とのあいだに〝あつれき〟を生じる。したがって、担任教師の個性と創造性を反映した学級色をもちつつも、同学年の他学級とのあいだに国境がなく、その実践が他教師から容認されているものでなければならない。

この〝かねあい〟はたいへんむずかしい。他の学級では「学級通信」を発行していないのに一学級だけが発行すれば、他から苦情が出る。学級単独のピクニックをすれば、全校から攻撃される。教員社会は一人だけでとび抜けた行事をすることを許さないからである。学年主任が〝事なかれ主義〟だと、この傾向はいっそう強まる。

しかし、だからといって、〝沈香《じんこう》もたかず、屁もひらず〟の学級経営では、教育者としての生きがいがあるまい。学級担任として、どのように学級を経営したらよいかについての具体的方法はいろいろな本もあるし、雑誌もあるからそれを参考にすればよい。だが、実際にそれらの方法をとり入れ、実施する段階で他学級・学年主任から苦情がきたり、〝待った〟がかかったりしたらどうするか。問題はここにある。

学年会が積極的な気風に満ちているか、消極的・保守的でサラリーマン化しているかは、授業から戻った教師が、たった今やってきた授業中のできごとを他の教師に話すかどうかを見ればわかる。どんなベテラン教師でも、授業がすべて予定通りに進み、ささいなトラブルもなかったなどということはめったにない。進行の支障にはなっていないが、意外な発言があったり、手違いがあったりするのが授業であり、だからこそ授業は〝生きている〟といえる。そうした生き生きした実態が、わずかな休憩時間にも交換されている学年なら、活気ある学年会といえよう。

教師は、とかく問題児の行動を話題にしやすいが、目立たない普通児についても話題にしているだろうか。〝できる子〟の問題行動を見逃していないだろうか。こういう話がわずかな休憩時間に語られているだろうか。

学年会は、学年主任の司会・提案・連絡の場でしかない、ということが、学年の気風を消極化し、保守化し、サラリーマン化していることは事実だろう。しかし、逆にいえば、学年主任が提起しなければ議題はなく、定例行事を前例によって前例のごとく消化するための事務的提案と連絡のほかに議題がないとすれば、それは学年主任のせいではない。日常的に子どもの行動や授業中のエピソードを語っていない一人ひとりの教師の責任とも言えるのではないか。学年主任が、活発な意見交換の素材となるべき実践を各学級から拾えないのは、素材となる実践を話していない学級担任の責任ではないのか。

教育より個人生活の都合を優先させるような教師は論外としても、教育・指導とはなんのかかわりもない冗舌に時間をついやす〝悪徳〟教師に背をむけよ。君はひたすら子どもを語れ。

一人でもよい、熱っぽく子どもを見つめ、問題児のすてきな言動、目立たない普通児のピカッと光る言動、〝優秀児〟にみた好ましくない言動などを同僚教師に語りかけていれば、必ず学年会の気風が変わるだろう。必ず学年主任が注目し、学年会の議題にするだろう。「学年会はいつも研究会になってしまう」という学年も今は決してめずらしくないのだ。

学年会の気風が積極的なものに変われば、学校全体にそうした気風が広がる。そのような気風を歓迎しない校長・教頭はいない。そのとき、校長・教頭と夢を語れ。

校長・教頭が消極的・保守的な姿勢に傾くのは、一人ひとりの子どもに注目し、その一人ひとりのエピソードを語る教師がいないからだ。その教師が学年会の気風をかえ、全教師に及ぼすほどの熱気をもっていないからだ。とはいっても、ただ情熱がすべてを解決するかといえば、もちろんそういうものでもない。一人の熱心な教師がいても、その実践内容が独善的で、閉鎖的であれば、学校はおろか、学年もかえることはできない。

独善と閉鎖の〝熱烈型〟では学校はかえられない。沈黙と冗舌は学校を荒廃に導く。君は、話し上手に子どもを語り、未来を語れ。

Point. 24

極楽トンボの校長を変貌させよ

校長と話してみると、校長には三つの型があることがわかる。

①「本校はなんの問題もない、平穏な学校さ。ハッハッハ」という〝極楽トンボ〟型。

②「本校は一見、なにごともないように見えますが、一皮めくればいまマスコミがとりあげているような問題の前兆がいくつもあるわけでしてね」という〝評論家〟型。

③「本校の子どもには、お手もとの資料にありますような問題点がありますので、現在つぎのような委員会を設けまして、いろいろ試みております。たとえば……」という〝実績重視〟型。

いうまでもないことだが〝極楽トンボ〟型の校長は、教育委員会の偉い人の前では、一夜漬けの資料を片手に〝実績重視〟型校長になりすますかもしれないが、とりつくろう必要がない相手にたいしては〝なにごともありませんよ〟と平然とするのである。

〝評論家〟型校長や、〝実績重視〟型校長は、子どもの動向に敏感だし、当面する課題を発見し、取り組みを強化しようと努力するが〝極楽トンボ〟型校長は、課題をそらし、問題をかくそうとする。父母や外部の声にたいし強圧、ないし〝トボケ〟で対応する。

最も重要な困難は〝極楽トンボ〟型校長の学校にある。なぜか。

第一に、学校長が指導者としての力量に乏しいことである。これを測るには三つの目安がある。

①教諭時代に専門教科の実績がなく、同教科の教師にさえ教科指導を助言できない。そのうえ、子どもの心身の発達にかんしては無知に近く、せまい自分の体験でしか話せない。

②過去に教育をふくむなんらかの運動を指導し、推進した経験がない。したがって運動の組織方法、普及方法、ポイントの押さえ方など、どれひとつをとっても要領をえない。したがって、説得的な話し方ができない。

③現在は学校長という立場上、地域の教育界で〝名誉職〟としての肩書きがあるが、実質的に運動を指導し、推進することはできず、ＰＴＡ運動などは敵視している。

この三つの目安のすべてに当てはまるのが、〝極楽トンボ〟型校長である。その反対に、①専門教科に強いだけでなく、子どもの発達についても研究しており、②過去に地域運動・教育運動の指導で実績をあげたことがあり、③現在も運動の指導的地位にある——という校長は〝実績重視〟型校長といえる。

では〝極楽トンボ〟型校長が在職する学校で教師はなにをすべきか。

足元に火がついているのを知らずに〝極楽トンボ〟でいられるのは無知だからである。火が燃えさかるようになると、適切な対応方法を知らないから無茶苦茶なやり方をする。これでは教師集団は〝無能な指揮官〟に振りまわされる敗残兵のようなあわれな姿になってしまう。学校の荒廃には拍車がかかることになる。だが、解決への道は、この校長の無知を逆手《さかて》にとるところから開けてくる。

第一に、有志による校内研究会・学習会を開き、ときに校長の出席を求めるとよい。テキストに何を選ぶかだが、教科の研究会なら教科指導法にかんするものが考えられる。授業の進度にあわせて討議すればよい。

生活指導についての学習会なら、専門書より、教育相談・家庭教育にかんする内容の一般書がよいだろう。むずかしい専門書を独習した教師が助言者となり、平易なテキストを軸にだれもが参加できるようにするとよい。

第二に、学年会を重視し、各学級の指導上の悩みが率直に話しあえる雰囲気をつくるとよい。そのためには、まず、すてきな教師たらんとする教師が問題を出すべきだろう。そのさい、①問題行動の指摘、②問題行動に関連すると考えられる生育歴の問題点、③家庭環境の問題点、④これまでの指導経過、などをわかりやすく個条書しておくとよい。

この二つの運動が校内に起これば〝極楽トンボ〟校長も変貌してくる。

校長が有能で指導力があれば、教師集団に不平・不満がつのることはないが、校長が〝極楽トンボ〟だと、教師集団はばらばらになり、熱意を失うか、それぞれ独善的・閉鎖的な指導におちこむかのいずれかになりやすい。そういう困難な学校でも、すてきな教師が一人いれば、学校に改革の風を吹かせることは可能となるのである。君は、改革の風を吹かせる気があるか。

第3章

挑戦する教師となるために

Point.25 遊び知らずに指導はできぬ

A先生は小学校低学年担当である。子どもたちに暗算をさせるとき、十円玉と五円玉、一円玉を用意して〝十三円をもって六円のものを買うと、なん円残るか〟と、尋ねる。

十三円もっていて、六円のものを買うのに三円を先に出す子はいない。いやおうなしに十円出して六円のものを買い、残った四円と三円をたすという計算をする。

また、左右に二つのトビラのある戸だなと、かしわもちを教室に持ちこんで、ゲームをはじめる。

左のトビラを開くと、かしわもちが三個、右のトビラを開くと、かしわもちが四個、先生は、右のトビラを開けたり、左のトビラを開けたりしながら〝さあ、全部でいくつだ？〟と、当てっこさせる。かしわもちは、ときどき数を増やしたり、減らしたりする。

数字だけ見せて暗算させてもなかなかうまくいかないが、こうした具体的・日常的なものを使って訓練すると、子どもは自然に習熟するようになる。A先生のスローガンは、「くりかえし練習することに興味をもたせなければ、学力は身につかない」

A先生は、このスローガンを守るために、いろいろ工夫している。トランプの〝五十一〟ゲームを持ちこんで、算数の時間にトランプ遊びのチームを作ったこともある。
〝遊びは子どもの勉強〟といわれる。「遊び」は、興味本位のものだ。興味のあるうちは続くが、がまんや努力をしなければならなくなれば止めてしまう。しかし、幼児はこの遊びを通じてからだを動かし、友だちとの交流に必要なルールを覚える。集団遊びでは自分でおもしろいと思えば、順序や遊びのルールを守るし、ルールがあり、そのルールを守るからおもしろいということを覚えてゆく。
幼児期は、おとなに遊び方を教えられ、助けられて遊ぶが、小学校低学年からしだいにおとなに教えられなくても、自分で遊び方をみつけ、工夫するようになる。

A先生の実践は小学一年生が算数の暗算に楽しく取り組めるようにした試みだが、ゲーム化することによって、暗算に習熟する努力が子どもの重荷にならないようにした。

基礎学力は、くりかえし練習することによってのみ身につくものだが、子どもたちは無味乾燥な数字を見つめているだけでは、量を感覚的に把握できない。面積の感覚についても同様なことがいえる。そこで、日常生活と結びつけて覚えさせる必要が出てくる。

学習は抽象的思考に慣れたり、想像的思考に習熟していたりしないと理解できないことが多い。ところが、幼児はこれが苦手だから、日常生活と結びつけたり、遊びの要素をとり入れたりすることによって、しだいに抽象的思考や想像的思考に慣れるようにしなければならない。そうした根気強い、地道な指導を手抜きすると、学年が進むにつれて授業内容を理解できない子が生まれ、〝落ちこぼれ〟になる。

高学年の低学力児指導で注意しなければならないのは、低学力になってしまった原因が、抽象思考、想像思考に慣れていないことにあるという理解と、それをふまえた対策であろう。

したがって、高学年児、中学生の指導でも、授業内容を理解できない子をなくすには、子どもたちが、日頃どんな内容の本を読み、どんなルールの遊びをしているかを把握して、それを学習方法にとり入れる工夫が必要となる。

子どもたちの遊びを具体的に知ることは、その意味で教科指導にも欠かせないことなのである。

Point.26 わかる授業は導入が上手

上手な授業はよくできた新聞記事に似ている。たとえば、新聞はまず「みだし」で読者をひきつける。「みだし」はニュースの核心を短いことばで示したもので、「みだし」の善し悪しは読者が記事を読むかどうかにかかわる重大事である。授業の「導入」もこれに似ている。「導入」は子どもが授業にのってくるか、そっぽをむくかをきめる重要な役割を果たしている。つぎに新聞には記事の要点のみを簡潔に要約して述べたリード文があり「本文」へと続く。授業も「本時の内容説明」があり、いよいよ「授業の展開」となる。

新聞には、結論や大事なことは先に書くという原則がある。授業にも、この原則はあてはまる。新聞は「書き出し」を読めば、つぎが読みたくなり、連載第一回を読めば「第二回」が読みたくなる……というように、ぐいぐい引きつけるだけの筆力を持った記者でなければ、よい記者とはないえない。授業も同じである。

授業に集中させることができるかどうかは教師の指導力の高低にかかっている。ベテラン教師ほど導入部を工夫するものである。

とくに小学校の低学年では、授業開始と同時に集中させるには、かなりの工夫がいる。

集中させるコツは、二つある。

第一は、意外性。教師はこれからなにを始めるのだろうか、という興味を子どもたちにもたせること。

第二に、誰もが発言できるような平易な話題を用意し、多くの子に発言させること。

「この中になにが入ってると思う?」

「わかんない」

「じゃ、ヒントを出すよ。ピョンピョン跳びます」

「かえる」「うさぎ」「バッタ」……

全員に発言させてから、「では、見せてあげよう。これです。かえるです。きょうはかえるの勉強をしましょう」

導入部の意外性につられて、多くの子が発言したことばを板書すると、子どもはスムーズに授業に引きこまれてゆく。いつも導入部に意外な話題をもちこむ教師の授業は、子どもも楽しい。その教師が教室に来るのを楽しみに待っている。こういう授業は、わかりやすい。

授業を楽しく、わかりやすくするコツは、導入の工夫にあることを忘れてはならない。

Point. 27 教材は臨機応変に

教科指導のプログラムは、文部省が公示した学習指導要領を基準にして作成することになっている。しかし、「基準にして」とはいうものの、学習指導要領自体はごく短い文章だから、枝葉末節にわたる記述はない。学年ごと、段階ごとの指導内容も国語では具体的な素材（詩・物語などのように）さえも示していないし、国語以外の教科でもごくおおまかに示しているにすぎない。

文部省は「学習指導要領は食堂のメニューのようなもの」と説明したことがあるが、実際はメニューにたとえていえば「ブリの照焼」という示し方でなく、国語ではたんに「照焼」とあるだけのような内容となっている。国語以外の教科では「ブリ」と書いてあるだけのようなものである。

　したがって、どんな教材を使ってどのように教えるかは、教師にまかせられているといってよい。

　かつて「教科書を教える」のでなく「教科書で教える」べきだという議論があった。

　例えば、日本の歴史を扱う六年社会科の「内容」のひとつに「江戸幕府の成立、鎖国、学問や文化の興隆、政治の改革、産業や交通の発達などの様子について、人物の働きや文化遺産を中心に理解すること」とあるが、この内容を「教科書で」教えるべきだという議論である。「教科書で」教えるとすれば、教科書を軸とした展開となるから、教科書記述に補うべき内容がかなり生じる。

　しかし、「教科書を教える」という立場なら、教科書記述以外は教えないことになる。この立場の誤りは、ことさらとりたてていうまでもあるまいが、前者の「教科書で」の立場も現状では正しいとはいいがたい、教科書の記述が、果たして軸となりうるか否かは、問題のあるところで、むしろ「教科書も参考資料のひとつとして」と考えるほうがよいと思われる。具体例で考えよう。

空は暗く、昨夜から降りつづいている雨が、止みそうもない日だった。

B先生は、教室にむかう廊下をゆっくり歩きながら「〝わたし〟の気持ちを想像し、その気持ちを表わすような読み方を工夫し、〝わたしはがっこうがすき〟という気持ちに少しでも近づける話しあいを……」という指導書のことばを思い出していた。一時間目は国語。B先生はその授業がゆううつだった。その授業では「がっこう」という詩をとりあげる予定だった。

「わたしは　がっこうがすき。／うんどうじょうが　ひろいからすき。／せんせいがやさしいからすき。／あそぶものが　たくさんあるからすき。／ともだちが　いるから／すき。／わたしは　がっこうが／すき。」

指導書によれば、この教材は、たとえば教師が、「わたしは、がっこうが」読むのにつづけて、生徒が「すき」と読み、あるいは、男子が「わたしは、がっこうが」と読むのにつづけて、女子が「すき」と読むというぐあいに、交互によびかけあうことになっていた。「指導書」の単元の趣旨には「その情景を思い浮かべながら」「自然に表現内容を感得させる」とあった。

その学校の校舎は老朽化していて、雨が降ると朝から電気をつけなければならないほど暗かった。校庭はせまく、遊具も乏しかった。「それでも、好き、か」とB先生はゆううつな気持ちで教室にはいった。

子どもは、それでも元気だ。教室には、はちきれるような元気な声があふれていた。「おはようございます」。大きな声が教室にひびいた瞬間〝事件〟が起こった。

灰色の子いぬが、雨でびしょぬれになって教室にはいってきたのである。

「あっ、いぬだ」「かわいい」「ふるえてる」「泣いてるよ」

たて続けにいろいろな言葉が乱れとんだ。

B先生は、その言葉をすばやく板書した。

長い詩ができた。子どもたちを席につかせて、B先生は子いぬを抱きあげ、黒板に書いた「子いぬ」の詩を読んできかせた。

「きょうは、このいぬの詩を勉強しよう」

この授業は、研究会でも絶賛された授業となった。B先生はいう。

「指導書にある『はっきりした発音で読む』『文としてまとまりのある読み方』『作者の気持ち

を感じとらせる』は、教科書教材ではむずかしくても、子どもの生活に密着した教材を使うなら、どの子にもできる」

第2章で取り上げたF先生とこのB先生の実践には、三つの教訓がある。第一に、子どもの生活実態に密着した教材と指導法をとっていること、第二に子どもの表現を的確につかみ、その意図を察知していること、第三に学習指導要領と教科書をよく読みこんでいること、である。

教材は臨機応変に選択しなければならないのである。

Point.28 板書事項は事前に決めよ

四十分程度の授業に、子どもに覚えてほしいことがやたらにあるはずはない。その覚えてほしいことを、一人ひとりの脳裏にどう刻みこむかが、授業の工夫である。

下手な授業とは、なにをきちんとつかませたいのかが伝わってこない授業のことで、上手な授業とは、教師の授業の意図がどの子にも正確に把握される授業である。

学習指導の三本柱といわれるものに、教科書、黒板、ノートがある。とくに黒板は使い方の上手、下手が子どもの学習効果に大きく影響するので、日頃から黒板になにを書くのかを考えることが重要である。

注意事項を列記してみよう。

①板書が学習の動機づけになっているか。

新しい教材にはいるとき、題名を書き、これからなにを学ぶのかを、短くまとめて板書する。その時間の学習目標で、全員にどうしてもわからせたいことを一つだけいうとすれば、それはどういうことか——という視点に絞って板書すると、子どもは学習の目標がはっきりするから集中しやすくなる。

授業開始直後の板書は、講演でいえば「演題」の提示にあたるわけだから、わかりやすく、学習意欲をそそるようなことばを選びたい。

②板書が集団思考を助ける役割をしているか。

子どもの発言を軸にして授業の展開をはかる場合、発言の要旨を短くまとめて板書すると関連発言がしやすくなるし、主題からはずれた発言がなくなる。子どもは自分の発言が板書されたことを喜び、学習にいっそう意欲をもやすものである。

③集中させ、印象づけるのに役立っているか。

重要事項を抜き書きしたり、図表化して整理したり、とくに重要なポイントを色チョークで示したりなど、板書の工夫次第で子どもに強く印象づけることが可能である。

したがって、教師は「なにを」「なんのために」「どのように」板書するかをいつも考えながら授業しなければならない。

板書にあたって「してはならない」のは、次のようなことである。
①細大もらさず、なんでも書くノイローゼ型。
②しゃべりまくったあげく、一語か二語しか書かない街頭演説型。
③黒板拭き片手に書いては消し、書いては消しと忙しい白墨の製粉業型。
④なにを書くかもきめないで、気まぐれに書く年中浮気型。
⑤小さな文字しか書かない近視迷惑型。やけに大きな文字の老眼いたわり型。
⑥文字を書かず、矢印や線ばかりで、説明はすべて口頭ですますバスガイド型。
⑦黒板のあちこちに気ままに書く行きあたりばったり型。
これらは、いずれも授業に計画性やメリハリがないという点で共通している。

Point. 29 到達目標がわかれば、学習意欲がわく

毎時の授業で、子どもに到達目標を示すよう、授業方法を工夫すべきである。子どもは目標を示されれば、それなりに集中し、理解しようと努力するものだからである。

教科書が学習指導要領にもとづいて作成されていることは誰でも知っているが、学習指導要領がかかげる目標のうち、なにを身につけさせようとして、それぞれの教材が収録されているかという点に関する理解ということになると、はっきりしない教師が少なくない。これは小学校低学年担当者よりも、高学年担当者に多く、小学教員よりも中学教員に多い。理由は単純で、教師が学習指導要領を熟読していないためである。

学習指導要領のどの項目を指導目標に掲げて授業をするかという目的意識が明確なら、指導目標に沿った教材を自分なりに考えることもできるはずである。前に述べた通り、文部省は学習指導要領とは「料理にたとえればメニューであり、料理ではない」としている。メニューにもとづいて、どんな材料をどのように調理して食べさせるかは、料理人である教師の手腕にかかっている。教科書教材や教師用書（いわゆる赤本）を、なんの考えもなしにそのまま教室にもちこむ

のは、〝お湯をかけただけで食べられる〟インスタントラーメンを毎日、教室に持ち込むのにひとしい。

子どもにわかりやすい授業をする教師は、学習指導要領の示す学習目標を正確に自己のものとして理解しているだけでなく、教科書の記述もそらんじるほど熟読している。さらに子どもの学習の習熟度によって、適宜に教材をさしかえ、わかりやすくする工夫をこらしている。決して教科書をうのみにしていない。こうした工夫は、学習指導要領を十分に読みこなし、さらに、自分なりに教材の内容や配列、指導の細かな段階を想定したうえで、教科書教材を熟読し、吟味するからこそ、できるといえよう。

新米教師・未熟教師と熟達した教師の差は、このような学習指導要領と教科書の読みかたの差から生じていると考えるべきであろう。

頭から「文部省の学習指導要領や教科書検定制度は悪」ときめつけ、学習指導要領を十分に読みもしない一部の偏向教師に、よい授業ができるはずはない。学習指導要領と現行教科書検定制度に批判があるのは当然であり、今後もそうした批判は、よりよい学習指導を目指して進められなければならないが、そうした教育行政のありかたを批判し、改善を迫まる運動の展開と、毎日の授業を工夫し、どの子にもわかる授業を実践し、すべての子どもにきちんと基礎的学力、能力を身につけさせる教育活動とは、おのずから区別されなければならない。

いかに一教師の力量が高くても、現行の学習指導要領と教科書のすべてを無視することはできないが、経験の浅い教師でも、子どもの実態を正確につかんでいれば、教科書教材から子どもの学習習熟度に合わせて教材を取捨選択したり、指導のプログラムを改善することは可能である。いま、圧倒的多数の国民と父母が教師に望んでいることを一言で言うとすれば、それはやはり〝小・中学校の教科書に書いてある内容を理解できるくらいの基礎学力をどの子にもつけてほしい〟ということになるのではないだろうか。

この期待に応える道は、学習指導要領と教科書を熟読し、吟味し、重点的に取捨選択することであろう。

Point. 30　ノートの使い方で学力差がつく

ノートの使い方が上手な子は、学業成績の上位者に多い。小学校低学年時代には、ノートの使い方による学力差はないが、高学年から中学生になると、ノートの使い方による学力差が歴然と

してくる。したがって、小学五年、中学一年でノートの使い方を教えることは〝落ちこぼれ〟の子をなくすために欠かせない指導といえる。しかし、現実には、この指導をしている教師はめったにない。

ノートは、左ページを予習にあて、右ページを授業中のメモ用にあてると便利である。

㋑わからなかったことをメモする。

わからなかったことが授業でわかればよいのだから、左ページにわからなかったことをメモし、右ページには、授業中にわかったその答えをメモすればよい。

㋺要点を一覧表にし、わかりやすくする。

ノートは考えやすくするために使うのだから、考えるために必要なポイントや構想の骨子が「一覧表」になっていると便利である。国語の段落ごとの要旨、社会科の学習項目がその例である。

㋩意味のわからない語句は、一語句を一行に書く、一行にいくつもの語句を書かない。

㋥予習ノートは、なるべく空白を多くし、授業中に書きこみやすくする。予習で記入した事項に対応するように、授業中のメモを記入すること、図表は一ページ丸ごと使うなど、余白を惜しまず、ぜいたくに使うよう指導するとよい。

また、小学校高学年以上では、必要なことがらを簡単にまとめ、個条書きする訓練が必要である。また、この要点筆記の能力については、社会人として必ず要求される能力であることも悟らせたい。

ノートは自分の学習のためのものであるが、乱暴な字で書くと後で役に立たなくなることがあるのでていねいに書くこと、赤えんぴつなどで大事なところを目立たせる工夫などもさせることが必要である。

また、授業時間中の、いつ、どんなときにノートさせるかについても配慮が必要で、ノートを有効に使わせるためには、それなりの細かな配慮があることを知るべきである。

ノート指導は、各自のノートを点検しながらおこなうのがよい。かりにノート点検を受けるために〝一夜漬け〟でノートを整える子があったとしても、その子なりの復習にはなっているわけだから、毎日、数人ずつノート指導をするとよい。

Point. 31 正しい予習方法が学ぶ喜びを生む

「あすの国語の時間は、この文章を習うはずだ。この文章はこういう意味だと思う。社会科はこういうことが出てくるはず。理科は……」という予測を立てるのが予習である。予習内容には、当然、未知のことがらがふくまれる。予習は未知への挑戦なのである。学ぶ楽しさは、この挑戦から生まれる。

学ぶ楽しさは、予見した内容が妥当であったという喜び、自分の推理の誤りを発見した驚きと、新知識を得た喜びに支えられている。したがって、予習のさいに、苦労し、考えていなければ、この驚きも喜びも味わうことができない。

受験のみを目標にした学習ということになると、手っとり早く解決法を教えてしまえということにもなろうが、そうすると〝自分で考える〟という思考過程が抜け落ちるから、この喜びがわからない。理解や記憶は喜びや驚きに支えられるから、予習内容を安易に教えられた子は、理解も記憶も浅くなる。

予習は学習の中核である。ところが、この予習の方法を教える教師は少ない。正しい予習がおこなわれていれば、授業の冒頭に教師が「きょうこれから勉強することのなかにわからないことはないか」と呼びかけることからでも授業は始められよう。また、授業を生徒相互の討論で進めることもできよう。

では、正しい予習方法をどう教えるか。

①まず、授業の進度を予測させよう。最初はおよその見当をつけ、教科書を読むだけでもよい。読めば、わからない部分があることに気づくだろう。それだけでよい。

②つぎに、わからない部分、知らない部分をチェックさせよう。できれば抜き書きさせよう。

③国語なら文章の要約、英語なら解釈、数学なら問題解答をやらせよう。これは自力でやることが大切で、この段階で他人に教えられてはなんの役にも立たない。

予習はこれで十分である。この予習があれば、授業中にかなり集中するはずである。

授業中に自分の考えの誤りに気づいたり、新しい考え方がわかったりしたら、それをメモすればよい。このメモが財産となる。

復習は、このメモを読みなおすだけで十分だろう。

この学習法でいくと、同じ部分について三度読みなおし、学習することになる。学習時間は予習にウエイトがかかっている。予習内容が豊かであるほど授業が楽しくなるはずである。

Point. 32 つまずきの原因調べは誤答分析で

73−18 を暗算させるには (70−18)+3 か、(20−18)+53 か 73−10−8 などいろいろな計算法のうち、どれがやりやすいかを自分なりに選んで身につけさせればよいのだが、いずれにしても、73ないし18が、たとえば 20+53 10+8 に分解できることを理解し、20−18 のように答えが一位数となる計算が暗算できなければならない。73−18 の暗算は小学二年の一学期に教えるが、この計算の基礎は小学一年生で教えている。

したがって、小学二年のこの暗算でつまずいている子は、二年でつまずいたように見えるが、実は、小学一年の学習内容がきちんと身についていない子、一年で落ちこぼれた子なのである。

教師は、つまずいた子の、つまずきの原因をいち早く見抜き、適切な対策を立てねばならない。

教師の発問には「この字の意味は?」のように、子どもの理解度を確かめるためのものと、「こういう例はほかにもあるかな?」のように、子どもに考えさせるためのものがある。両者とも指導上、重要な役割をもっているが、大切なことは、

①どの子にも、考えるゆとりを十分に与えること。

②学習の遅れがちな子に発言の機会を与え、遅れの原因の発見につとめること。

③誤答を無視しないで、〝なぜ誤ったか〟という誤答の法則性の発見に努めること。

である。

〝えこひいき〟の強い教師は、〝できる子〟には、考える余裕を十分に与えるが、〝できない子〟には、あまり時間を与えないといわれている。学習の遅れがちな子を指名する場合、内容は基礎的だが重要な事柄について、しかも発問後、考えるゆとりを十分に与えるという配慮をしなければならない。そうすれば、学習が進んでいる子も、その事柄の重要性を再認識することになるし、遅れている子もその日の学習についてゆく自信をもつことになる。

基礎的で、重要な事柄については、発問も工夫しなければならないが、ほかにも、ゆっくり説明したり、板書で印象づけたり、ヒントを与えたりなど、工夫しなければならない。

指導上、とくに重視しなければならないのは、誤答の法則性である。誤答には、

①まったく理解しておらず、あてずっぽうに答えた誤り。

②他の事柄と勘ちがいしている誤り。

③基本的には理解しているが、本人の不注意による誤り。

の三種がある。とくに注意しなければならないのは、①と③である。

①については、説明後、再確認する必要がある。③については、〝誤りやすい点〟として、板書し、なぜ誤ったのかについて説明しなければならない。

正答を積み重ねて、指導目標に達するのはたやすいが、その指導は、教師の自己満足に終わり、〝落ちこぼれ〟を拡大するにすぎない。

誤答分析の確かな教師は、学習の進んでいる子どもの知識欲をも満たしながら、遅れがちな子どもの理解を確かにする。

また、発問と指名のさいの教師の表情、所作も無視できない。教師の表情がこわばっていれば、答える子どもにも考えるゆとりができにくい。表情は優しく、子どもをしっかり見つめながら、一人ひとりに問いかけるように、教室全体に眼を配って発問したいものである。

子どもを見つめていれば、教師の発問内容をよく聞きとっているかどうか、理解したかどうかはわかる。わき見をしたり、ひそひそ話をしている子どもに、わざと指名するような意地悪教師は嫌われる。指名する前に授業に集中させる配慮がほしい。

Point. 33 メモと簡潔な文章化に慣れよ

授業が終わる前にその時間内に教えたことを要領よくいくつかのポイントにわけて、まとめて話すと、子どもはその授業の印象を再確認することになり、効果が大きいことはすでにのべた。

授業だけでなく、全校朝礼が終わったらそのまとめを、掃除が終わったらそのまとめを……というように、一定の行動が終了したら必ずまとめをすると、子どもの印象が強くなる。

こうしたまとめには要領がある。

第一は、行動の流れに沿って、よかったことをとり出して、認めてやることである。「○○君はすこし遅れてきたけど、列の後に静かにはいって、とてもいい姿勢で聞いていたね」教師の眼で見て〝ウン、これでいいんだ〟と思ったことは、忘れずにとりあげてやることが子どもを励ます第一歩となる。

第二は、できる限り多くの子の行動を評価することである。運動会でビリになっても、まじめに最後まで走った子がいたら、それを認め、スポーツマンとして好ましい行動だと位置づければよい。一人ひとり名前をあげることを忘れてはならない。

子どもは、どんなときにも教師の自分への視線を意識していて、よいことはよいと認めてくれる教師を信頼する。行動には必ず評価がある、とわかれば、子どもの行動にも意気ごみが出てくる。

第三は、いつでもメモ用紙と短いえんぴつをポケットに入れておくことである。

昼休みに校庭で遊んでいる子をながめているとき、A君の行動に注目した。そのときのメモは「A」だけでよい。終わりの会のとき、そのメモを見れば、どんなことだったかを思い出すはずである。だからメモ用紙はごく小さなものでよい。

放課後、下校前にそういうメモを整理し、日付とその行動のかんたんなメモを記録に残しておくと便利である。この記録は、ルーズリーフのようにさし加えができるものがよい。子ども一人につき一枚ずつ用意し、それに記入した日付と気づいた行動を簡単に記入すればよい。この記録があれば、父母面接のさいに具体的な話題を示せるし、学年末、学期末に指導要録や通信簿の「行動の記録」を記入するさいにも役立つ。

しかし、日ごろ事実を要領よく記入する習慣をつけていないと、この実践はむずかしい。教師には、文章を簡潔にまとめる能力も要求されるのである。

実例を示しておこう。

「P君、野菜が嫌いだと母親に聞いていたが、給食のおかずの野菜の煮ものを残さず食べた」

「R君、テストの答案を早く書きあげても、すぐには提出せずに時間いっぱい点検している」

……

こんな記録が一人ひとりの子どもごとに整理されていれば、親に子どものことを報告する場合も「まじめです」「よくやってます」といったつかみどころのない話はしなくなる。親としても子どもの行動を具体的につかめるから、たとえば「家では、なぜ野菜をたべないのだろうか」「家でも根気づよく努力させるにはどうすればよいのだろうか」と、具体的に考えるようになる。

また、メモを個人別に整理していると、ある子についてはたくさんのメモがあるが、ある子についてはひどく少ない、ということにも気づく。これに気づけば、目立たない子にも注意の目を届かせるようになる。これは、〝えこひいき防止〟にも役立つ。

ただ漠然と毎日を過していると、折々に気づくことはあっても忘れてしまうものだが、こうしたメモの習慣があると、文字通り〝どの子にも眼がゆき届いた〟教育・指導ができるようになる。ゆき届いた指導は、こうした教師の日常の努力にささえられるものなのである。

メモにかかる時間は、せいぜい三十秒か、一分程度だから、どんな忙しい教師にでも、やる気があればできるはずの習慣だ。メモ用紙と筆記用具をいつも持っているほどの心構えさえあれば、それが出発点となる。

こういう教師なら、子どもからも信頼され、敬愛されるだろう。人は、自分に関心をもち、注意深く見守ってくれている人を愛するものである。

Point. 34 どの子にも笑顔で話しかけよう

教師も人の子だから、気分の晴れる日もあれば曇る日もあろう。しかし、教師は子どもにたいしては、いつも晴ればれとした表情を保っていたい。気分の晴れない日なら、鏡を見て、ニッコリ笑ってから教室に向かおう。

例えば、担当学級の子ども全員の誕生日を知っているだろうか。日記帳の日付のそばに、六月一日なら斎藤和夫、六月三日なら高橋文子というように子どもの名前が記入してあればわかることだ。朝、出勤前に日記帳を見て〝きょうは、斎藤の誕生日だな〟と記憶するだけでよい。こういう方法なら、中学や高校で、三百人、四百人を担当していても、その日が誰の誕生日か、すぐにわかる。

学級担任なら誕生日を知っていてもふしぎではないが、そうでない教師から誕生日に声をかけられると、その教師への親しみが増すものである。とくに、授業前に声をかけられたら、その授業中はかなり集中するだろう。

子どもに好かれる教師にはいくつかの特徴がある。

第一に気さくだ。気どったり、気むずかしそうな顔をしていない。にこやかで、誰にでも声をかける。もともとそういう性格なのかもしれないが、教師はそれを性格のせいにしてはいけない。誕生日に声をかけるという工夫だって〝気さくにいこう〟という気がまえがなければできないことなのだ。

第二に笑顔がある。笑顔を見せない教師は嫌われる。その人のもっともすてきな表情は笑顔だ。笑顔は人に親しまれる表情なのである。だから教師は笑顔を忘れてはいけない。

第三に、どの子にも視線を合わせようと努力している。視線を合わせたとき、なごやかな表情がある。

この三条件は、努力しなければ身につかない。気分の晴れない日はなごやかな表情になれないかもしれないが、しかし、あなたはプロなのだ。プロならプロらしくしよう。

プロの気がまえとして、授業中にいつも全員を見わたし、一人ひとりにちょっと声をかけながら授業を進めるのもよい方法である。だれかれとなく声をかけながら、ちょっとした返事や話をさせながら授業をすすめると、どの子も集中する。授業中の私語も、小耳にはさんだらすぐにその私語を話題に取り込むとよい。

授業の指導目標が明確なら、授業の展開は必ずしも予定通りでなくてよい。子どもとの対話が多いほど、子どもは授業に集中し、授業内容をよく理解する。よい授業は、アドリブがつきものであり、子どもとの対話を軸に展開するものである。

Point.35

子どもを引きこむ話術をもて

〝話し下手〟は教師に求められる能力の一つを欠いているといってもよいだろう。子どもは教師の話術につりこまれて学習するのだから、話し下手では授業が成立しない。

子どもを話に引きこむにはコツがある。

第一に、その時間に理解し、覚える内容はなにか、ということを全員に徹底することが不可欠となる。なにを説明しようとしているのかがわからない話ほどつまらないことはない。説明の目的を告げてから話すことである。

第二に、意外性がなければならない。「アレッ」と驚くようなことなら、誰でも耳を傾ける。「誰でも知ってることだけど、なぜそうなるのかを知ってる人は少ない」という切り出しでも子どもの注意をひくことはできる。

驚きは関心をよび、関心は理解を導き出す。「アレッ」という驚きがあれば、「マァ」という驚嘆がある。それが「ヘエ」という納得につながる。驚きが薄ければ納得も少ないということだろう。

第三に、まとめを正確にしなければならない。「きょうの授業で覚えてほしかったことは三つありました」という言いかたでよいから、簡潔にまとめておくと子どもはわかりやすい。

この三条件が満たされていれば話術が巧みだといえる。ユーモアも時には必要だが、脱線的なユーモアは指導の妨げとなる。話し上手というと、ユーモアのあるおもしろい話をするという意にとられがちだが、それは意識的にとりいれるべきものではない。

改めて述べることもないとは思うが、ここで取り上げた〝話し上手〟ということは、必ずしもアナウンサーのように、またコメンテーターのように、流暢に雄弁に話をするということを意味しない。ここでは、あくまで子どもが学ぶために大切なことはなにか、という観点から見た〝話し上手〟ということである。流れるように話せなくても、なまっていても、少しも〝話し上手〟

になる妨げとはならないのである。かりになまりがぬけない人なら、それを個性ととらえて、魅力的な話し方を工夫することも難しいことではない。

話術は努力しなければ上達しない。そのためには指導のポイントをメモにしておく必要もある。メモなしの話は脱線しやすく、むだ話が多い。日頃から先に述べた点を心がけ、子どもの表情を読みながら話せば、誰でも話し上手になれるのだ、と考えていただきたい。

話が上手ということは、授業がわかりやすいということでもある。わかりやすい授業をする教師に子どもの人気が集まることは、改めていうまでもあるまい。

Point. 36 満足感は指導の成果

非行にのめりこんだ子、家庭内暴力にはしった子には、幼少時から〝自分が独力で努力し、なにかをやりとげ、満足感を味わった〟という体験がない。

成功体験がないのは、過保護・過干渉の教育のせいだが、独力でやりとげた快感がないから、〝自分は無能力だ〟と思いこんでいる。〝なにもやれない子だ〟と思いこんでいるから無気力になる。これは重大である。

一つの仕事に集団で取り組み努力する教育も必要だが、大切なのは集団で取り組む仕事のなかにも、一人ひとりが独力でやりとげなければならない仕事があることを知らせ、体験させる教育である。

教師の力量が問われるのは、子どもにこのような独力でやり切る努力をさせる指導の場合である。独力でやり切る努力をさせるには、細かな指導プランが必要になる。たとえば、リンゴの皮むきをさせる場合を考えてみよう。

まず、ナイフの持ちかたが問題になる。

つぎに、リンゴをくるくると回わしながら、ナイフがリンゴの皮を薄くけずるように、ナイフの刃の上に親指をあて、軽く手首を動かさなければならない。左手の動きと右手の運びかたは異なっている。

跳び箱を跳ばせる場合も要領がある。踏み切る位置と、手をつく位置、手のつきかたに要領がある。

学校で教える内容は、誰にでもやれることばかりなんだという発想が教師になければ、こうした細かな指導プランはつくれない。

成功体験が重なると、自信がついてくる。自信がつくと無気力は消しとんでしまう。自信のある子が意欲的なのは当然である。

教えかたの下手な教師には〝誰にでもわかり、誰もができることを教えているのだ〟という自信がない。どこかで、どうしてもできない子がいるはずだという心理が働いている。

〝誰にでもわかるはず〟のことが、子どもにわからせられないのは、指導段階に飛躍があり、要点を正確に押さえていないせいだから、指導プランを点検し改める点があれば改めなければならない。成功体験を重視するという発想は、すぐれて民主的な内容をもっている。科学的・論理的でもある。

教師の指導のうまさで、成功体験を味わい、自信をもった子は、その教師を敬愛する。好かれる教師の条件はここにもある。

Point.37

誉めるチャンスを見逃すな

テストの答案を返すときに、

「君の字はとてもきれいだね。答案を読んでいても、ホッとするよ。ていねいに書くということはとても大切なことなんだよ。読む側に親切だからね。これからもいつもこういう答案にしてね。だけど、こんどのテストは惜しかったね。ちょっとした勘ちがいで損をしてるよ」

家でよく手伝いをしているということを親から聞いた翌日に、

「いろいろお手伝いしてるんだってね。お父さんもお母さんも忙しいから、助かるっていってたよ。そうだろうと思うよ。君くらいの年でいろいろ手伝ったり、家の仕事したりというのは、あまりやっている子がいないからね。すてきだな、と思ったよ。なにか困ることがあったら、いつでも言いなさいね。君みたいな子は学校でも楽しくすごしてほしいと思うからね。味方になるよ」

子どもを誉めるには、誉めるチャンスを見逃さないようにしなければならない。

第一は、その子が落ちこんでいる時である。テストの得点が悪ければ落ちこむにちがいないが、そんなとき「こんどがんばれよ」といわれてもやる気は起きない。

「惜しかったね、ここのところで勘ちがいしちゃったんだね」

というういい方が、その子を励ますことになる。ダメなんじゃない、勘ちがいなんだ。気をつければできたはずなんだ。できるはずだったのに惜しかったね。という励まし方だが、〝できるはず〟ということが言外にあるから、子どもにとっては日常の努力が認められたことになり、それが誉めたことになる。

第二は、良い行動を見たり聞いたりしたとき、時間をおかずに誉めることである。「○○さんから聞いたんだけど……」ということでよいから、必ず誉めることである。その子は自分の行動が良いことであると自覚しているから、その自覚があるうちに誉めるのがコツである。本人がなんとも思っておらず、あるいは偶然にそうなった、といったことはとりたてて誉めなくてよい。本人が良いことだと自覚していないような行動を誉めても、本人は喜ばない。

第三は、叱った後でその言動が改まったり、良いことをしたりしたら、それは必ず認め、誉めなければならない。これを忘れたり、認めなかったりすると、あとでいくら誉めても逆に反感をかうだけとなる。

誉めるにもT・P・Oがあることを自覚すべきである。

第四に、結果よりも動機や努力に重点をおいて誉めるとよい。〝上手な報告ができた〟ことを誉める場合などがそれに当たる。報告内容をまとめる工夫、努力、行動の契機などに重点をおくと、子どもは〝先生は自分をよく見ていてくれる〟と考え、嬉しく思うものである。

Point. 38
職業人への夢を育て、励ます

子どもは将来必ず職業人となる。魅力的な職業人になるためには勉強しなければならないし、苦労もしなければならないだろうと、どの子も考えている。しかし、なんらかの理由で学習に挫折し、学校生活に背をむけはじめた子は、学習面で落ちこぼれるだけでなく、生活の乱れや性格のゆがみが表れることも多い。そこには自分の未来に展望が見えないという考えに捕えられているということがある。そういう子どもの目には、高校を卒業しなくても「大学入学資格検定」という制度があり、大学・短大にも一般入試のほかに推薦入学という道があることが見えていない。高校にも全日制のほかに定時制や通信教育があり、大学にも二部や通信教育があること、努力すればそれらを通して高校卒・大学卒の資格がとれることが見えていない。

看護婦になる道も、高校の衛生看護科があり、中学卒で入学できる高等専修学校、高校卒で入学する専門学校、といくつもの道があるように、どの職業人になるにも道は一つではなく、いくつもの道があるということを教えなければならない。

教育系大学を卒業したら教師になるのが本流で、他の職業につくのは〝落ちこぼれ〟だと思い

こんでいる教師さえいるのだから、こういうことを知らないと言っても、特別のことではないのかもしれないが、そういう無知な教師に指導されている子どもは迷惑な話である。

現在日本には約三万四千の職種があり、国や地方自治体が実施する検定試験に合格していなければつけない職種も多い。そのように多種多様な職種のそれぞれの内容についてまで、詳しい知識をもつことは不可能であるが、教師たる者は職種が多様であるという程度の知識、おおざっぱでよいから職業内容についての理解はほしい。そうでなければ子どもに夢は持たせられない。

〝子どもは将来必ず職業人になる〟という認識が深ければ、生活指導の視点もかわってくる。

たとえば、どの学校でも「遅刻・欠席しない」「授業中に私語をしない」「忘れものをしない」という指導をしているが、多くの教師はこれらを「授業をスムーズに運ぶために必要だ」と思っている。

しかし、これら三項目は職業人としての絶対必要条件である。専門学校の七割が推薦入学制度をとっているが、入試のさいに重視するのは遅刻・欠席の日・時数だといわれている。それは実技・実習の多い学校で遅刻・欠席が多ければ技術を身につけることができなくなるからであるという。私語や忘れものが許されないのは、社会人として当然だが、遅刻・欠席がさらに重大な意味を持つということも、社会人・職業人としての適性という点から子どもに強調する必要があるだろう。

職業人への夢をもたせ、その夢の実現のために必要な資質をきたえようとする教師の意図は、必ず子どもに伝わる。そのような視点が教師にあれば、その教師が子どもたちから敬愛されることは疑いない。

第4章

父母の心を開くために

Point.39 欠席理由に関心を持て

ある小学校で第二校時が始まって間もなく、教員室の教務用黒板を見ていた教頭先生が「あれえ」と言って首をひねりはじめた。

教員室の黒板には、その日の欠勤・出張教員の名前や、その日の行事のほか、学年・学級別に児童数と欠席児童名が記入してある。欠席児童名の記入は第一校時終了後の休憩時間におこなわれる。欠席理由も父母からの届出によって明らかにされる。

教頭先生が首をひねったのは、四年生のK子の欠席理由だった。教頭先生は、K子の欠席理由がきのうも〝腹痛だった〟ことを思い出していた。教頭先生は、ちょうど教員室に居あわせた養護教諭にたずねた。

「K子はもうメンスが始まったかねえ」

「いいえ、あの組ではまだ三人だけです。K子はからだつきも小さくて、細身だから、まだまだでしょうね」

「すると、やはり普通の腹痛かねえ。子どもが二日も続けて腹痛っていうと、なんという病気

なんかねえ」

養護教諭は教頭先生とならんで黒板を見つめた。

「ちょっと心配ですね」

「うん、あの子はひとりっ子で、おまけに母親も働いてるからねえ。病院に連れていったかどうか、担任は知ってるかな」

「私、教室にいって聞いてきましょう」

養護教諭が出かけようとするのを止めて、教頭先生が四年生の教室に出かけた。

「ええ、私も変だと思ったんですけど。病院には行かないで、痛い、痛いといって寝てるそうなんです。放課後に家庭訪問します」

担任教師のM先生はこういって不安そうに教頭の顔を見つめた。教頭先生も不安そうに腕を組んで考えこんだ。

「やはり、先生に今、行ってもらいましょう。この授業は私が代わりにやります。授業は心配しないで行ってください。場合によってはすぐ病院に連れてゆくよう、養護の先生と一緒にいってください。私の車を使ってください」

M先生は学生時代に運転免許をとっており、自分の車は持っていないが、運転歴は二年。早速、K子の家に乗りつけた。

養護教諭は、K子に〝痛む場所〟〝痛みはじめた時間〟〝熱〟〝食欲〟などを物静かに聞いた。そして「虫垂炎かもしれない。もしそうなら、一刻を争って手術しなければ危い」と、M先生に告げた。

K子の家の電話で、学校に連絡をとり、教頭先生からK子の父母の職場に連絡してもらう一方、M先生と養護教諭は病院に車を走らせた。

病院では、教頭先生からの連絡で医師と看護婦が手をあけて待っていた。直ちに検査が始まる。予想通り〝虫垂炎〟で、緊急に手術の必要があるという。

しかし、ここでトラブルがあった。父は外勤で連絡がとれず、母もその日は出張で帰宅が遅れるという。それぞれの事業所から父母の出先に緊急連絡し、手術の承諾をとりつける一方、病院側には手術の準備を依頼した。

父母から手術承諾の連絡が入ったが、病院に手術の時刻に間にあうようには到着できないという。担任教師と養護教諭が父母の代わりに立ちあい、手術を開始した。

手術の結果は良好だったが、手遅れ寸前の病患であったと、医師は語った。

父母の病院到着は、手術終了後だった。

医師から経過を聞いた父母は、担任教師と養護教諭に深ぶかと頭を下げて感謝した。

「置き薬のなかに腹痛の薬があったので〝これを飲んで静かにしていれば直るべえよ。もし、直ったら、枕元のお握りやお菓子を食べて父ちゃんか、母ちゃんが帰るのを待っていろ。あすも痛むようなら、病院に連れていってやっから〟といって出かけてしまったんです。先生たちが気づいてくれなかったら、手遅れになるところだったと聞いて……。ほんとに、なんといって感謝したらいいのかわかりません」

担任教師と養護教諭は、顔を見合わせて、苦笑した。本当の殊勲者の教頭先生は、この時、教員室で残業をしている先生たちにお茶をついでまわりながら、「M先生、早く帰って来んかなあ、わたしをいつまで待たせる気なんだ」と、ぼやいていたという。

教師は子どもの欠席理由に神経質でなければならない。二日続けて休んだり、断続的な欠席が四～五日になったら、家庭訪問の必要がある。

不登校に関しても、なるべく早い段階に事態を把握しておくことが、その後の対処を難しくしないことにもつながる。

Point.40 よい教頭、ダメ教頭

どの学校の教頭も教職歴は二十年前後か、それ以上だから、教師としての経験は豊かである。PTA副会長になったり、父母・教師間のトラブルの始末係になったりする例が多い。父母との公的な接触が多いから、教頭が親しみやすいか、とっつきにくいかで学校全体にたいする父母の評価がちがってくる。

前項に紹介した教頭は、父母に親しまれている教頭で、教師たちからの信頼も厚い。前の例では教頭がいなかったらK子ちゃんは手遅れで死んだかもしれない。

教頭の役割は

①校長を助けて校務を整理し、校長不在の時には、校長の職務を代行すること。

②校内のまとめ役、推進役として人間関係を改善して校務運営の調整に当たること。

の二点である。

職務の概要は

①職員会議、校務分掌、年間教育計画等の企画

②教師の指導や助言

③渉外（ＰＴＡ・地域団体など）

である。

前項の実践では、教師の指導・助言にすぐれた力量を発揮しているわけで、とくに、欠席児童名と理由を記憶していて、専門家である養護教諭の意見を尊重しながら、若い教師に手落ちのない手段を講じさせた点は、名教頭と評すべきだろう。管理職意識ばかり強くて校長に追従している〝腰巾着《こしぎんちゃく》教頭〟では、これだけの指導・助言はできない。

また、Ｍ先生が家庭訪問から病院へと動きまわっているとき、Ｍ先生の家庭調査表から父と母の勤務先に緊急事態を的確に告げて、緊急連絡を依頼する一方、養護教諭の〝もしかすると虫垂炎〟という予測をうけて、医師に手術を依頼するという処置も見事に行き届いている。教頭にはこれだけの力量・判断がなければならない。この教頭は信頼できる。

新任教師が、教頭の良し悪しを見わける方法がある。良い教頭は、
①子どもの家庭環境や子どもの遊び、性格や行動に興味をもっている。
②教師の特技、専門の深さ、趣味、経歴、生育歴に関心が深い。
③緊急事件が起きたとき、校長に相談しなくても、早急に適切な手段を講じる決断力がある。
④学習指導、生徒指導の面で、一般教師より優れた力量をもっており、教師に適切な指導的助言ができる。
⑤地域運動での豊かな経験があり、地域住民に信頼がある。
⑥地域の実情、とくに住民の生活実態や生活要求を熟知している。
この六点を備えているか、あるいは六点に努力していることが、教職員と父母に信頼されるたいへん優れた教頭の条件である。

Point. 41 養護教諭の活躍に注目

養護教諭が子どもたちの悩みに耳を傾け、真剣に相談にのってやっていることが、各地の実践

で明らかになっている。学校によっては、養護教諭を職員会議の構成メンバーから除外するなど非民主的で非教育的な措置もみられるが、子どものからだの問題だけでなく、心の問題をもふくめて子どもに接している養護教諭の役割は、最近ますます重要になってきている。

養護教諭は各校配置ではない（養護教諭等の定数は、「公立義務教育諸学校の学級編制及び教職員定数の標準に関する法律」第八条によれば「小学校及び中学校の数の合計数に四分の三を乗じて得た数」である）。また、「学校教育法施行規則」第二十二条の四による「保健主事」は教諭が当てられるが、これは「校長の監督を受け、小学校（中学・高校）における保健に関する事項の管理に当る」職務であるため、「養護をつかさどる」養護教諭との関係が微妙になっている。

学校の保健室には「養護をつかさどる」養護教諭がいて、ほかに一般教諭のなかから、「保健主事」が任命されているという二重構造なのである。

養護教諭は、配置校でも一名配置だから、校内に職務内容について相談したり、研究しあったりという相手もない。独力奮闘が前提である。しかし、児童のからだの生育状況を専門家としてよく知っており、子どもがかかりやすい病気についての医学知識も豊かである。前項の実践でも腹痛が始まった時間、痛む場所、痛み具合などを的確に聞きだし、〝虫垂炎〟の疑いをもち、直ちに病院に連れていっている。〝虫垂炎〟は痛みはじめてから二十四時間以上経過すると危険で

ある。

養護教諭は子どもの健康を管理する。その職務内容には、

①発育の遅れている者や異常のある者を発見し校医に相談するとともに、家庭に連絡する。

②級別健康カードにより、教師に助言し、家庭での観察・治療を継続して行わせる。

③学級全体の身体状況の結果を集計し、他のクラスや都道府県の標準、全国標準と比較し、学級の特性をつかむ。

④（いす、照明など）学級、学校の健康管理の改善をはかる。

などがある。ポイント39で紹介した養護教諭は、

①欠席した子の欠席理由に関心をもっている

から、毎日の欠席状況を注目している。

②担任教師との連絡を密にしている。

など、日常的な配慮がある。

なお、この養護教諭には、もう一つのエピソードがある。児童の定期健康診断の統計から、低学年に近視の子が多いことを発見し、職員会議にかけて、全校生の生活実態調査をおこなっている。調査の結果、近視の子は、幼児期にテレビっ子で、しかも、テレビを離れて見るのでなく、至近距離から見ていることを発見した。そういう子の家庭では、母親が家庭内で内職をしており、子どもを保育所にあずかってもらえなくて困っているという制度上の欠陥も発見した。これは直ちに議会でも問題となり、現在、同地域では、内職の母親も、子どもを保育所にあずけることができるようになった。

すぐれた養護教諭は、子どもの健康の実態を通して、地域の生活改善にまで目を行き届かせるものなのである。

養護教諭との連絡を密にすることは、子どもや地域保健の実態を知るうえでも欠かせない。

Point. 42
通学区内の事情通になれ

自分が勤務する学校の通学区の父母は毎日どんな生活スケジュールで動いているのか、子どもが眠っているうちに家を出て、子どもが眠ってからでなければ帰宅できないようなきびしい生活を送っている父親がどのくらいいるのか、ということをつかんだだけでも子どもを見る教師の眼はちがってこよう。

通学区内に大書店がある学校とない学校、映画館や劇場、ゲームセンターのある学校とない学校、子ども会や少年団が地域にある学校とない学校……このように見てくると、子どもの日常生活が浮かびあがってくる。

地域にろくな遊び場もない通学区では、子どもの健全育成など、なかなか難しい。

地域にある学童保育や学習塾、けいこ塾の実態を知っている教師と、そのようなことに無関心な教師とでは差がつくのが当たりまえである。

自分の担当する学級の子は、どんな学習塾でどんな指導をうけているのか、どんなスポーツクラブで、どんな指導者からどんな指導をうけているのか、学童保育はどうなっているのか、それらの一つひとつについて、それぞれの指導者と話しあい、一人ひとりの子どもについての理解を深めるなら、教室や学級では気づかなかった意外な側面が浮かんでくるかもしれないではないか。

校内の職員についても同様である。事務職員、給食関係職員、用務員をはじめ、学校にはさまざまな仕事を分担している職員がいる。これらの職員には、通学区内の居住者もあるから、それら職員には、教師には見えない子どもの実像・地域の実態を知っている者も少なくない。

これら職員と日常的に交流し、話しあいを深め、子どもを全体的につかんでおく必要がある。子どもたちは、教師から影響をうけるだけでなく、こうした多くのおとな・指導者からの影響もうけて成長しているからである。子どもから好かれるよい教師は、地域の多くの指導者、校内の職員から子どもにかんする多くの情報を得ているものである。

たとえば、学習塾の指導者やスポーツクラブの指導者によくなつき、その人が好きだという子がいるなら、教師もそれら指導者と仲よくなる必要があるといってよいだろう。子どもは自分が敬愛する指導者と自分の担任教師が仲がいいというだけで、担任教師に親しみを感じるものなのである。

Point. 43 帳簿類の〝私物化〟はタブー

教師という仕事の楽しさは、学級担任をしなければわからない。もちろん、学級担任を経験したことがない教師はないのだから、誰でも学級担任の楽しさは味わえるはずなのだが、ひとつネックとなることがある。学級事務である。

教師の一人ひとりについていえば、必ずしも事務処理能力が高いわけではないから、事務処理能力が低ければ低いなりに学級事務を正確、迅速に処理するよう努力する必要がある。これは目的意識を持っていなければ、できないことである。

事務処理能力の低い教師がおちいりやすい失敗は、〝いつでも、だれにでも、うまく利用できる〟ようにしておかなければならない帳簿類の整備がおくれることである。指導要録、その写し、出席簿、指導計画、週案、身体検査簿、家庭調査表、学級（学年）通信綴などは、常に整備されていなければ、緊急の事態が起きた時の役に立たない。ポイント39で紹介したM先生の場合を考えてみよう。

M先生は、

①家庭調査表を整備し、わかりやすい場所に置いている。
②家庭調査票に、父と母への緊急連絡の方法を明記している。
だから、児童の指導に不安があれば、教頭に相談し、直ちに行動することができる。また、自動車の運転免許証を常時もって、突発事故にそなえている。

家庭調査表については、各学校に指定の様式があるから、M先生はその様式にもとづいて、刻明、正確に記入していたということだろう。こうした学級事務を若い教師は軽視しがちで、ひどい例では、学年末に学級担任の変更が発表されてから、あわてて整備するという教師もある。緊急事態はいつ起きるかわからないのだから、担任教師の学級事務処理は、常に敏速でなければならない。

指導上の不安があれば、学年主任と教頭に相談して助言を仰ぐのが原則である。M先生は、教頭と養護教諭に相談し、機敏に行動している。

ところが未熟な教師は〝学級〟という〝一国一城のあるじ〟意識が強く、担当学級の児童の指導について教頭や主任、養護教諭に相談したがらない。おまけに帳簿・記録類の整備を軽視しているから、緊急事態が起き、その教師が出かけてしまうと、他の教師は協力しようがなくなる。

とくに、この実践例のような場合、もし、M先生が我を張って〝放課後に行くからいいですよ〟と、直ちに家庭訪問するのを嫌ったり、〝養護の先生と一緒でなくても……〟と同行を拒否したりしたら、K子の生命は危かったと考えられる。M先生は、この判断ですぐれていたし、出かけた後の同僚の協力や諸連絡でも安心していたわけである。

また、M先生が常時運転免許証をもっていたことも、ここでは見落とせないポイントである。最近は、通勤の都合上、免許をとる教師が多いが、教師志願の青年は〝教師はいつ運転しなければならないような事態が起きるかもしれない〟と予測して、大学在学中に免許をとり、常時免許証を携帯すべきだろう。教師にとって、運転免許が必要なのは、必ずしも通勤用とは限らないのである。

Point. 44

授業参観はファン拡大の場

〝だれにでもわかりやすい指導法で、とても大切なことがわかる〟授業は楽しい授業である。わが子が習っている教師が、そういう授業をしているということを知れば、どんな親もその教師のファンになるだろう。

親のなかには、わが子が日常どんな指導をうけ、なにがわかるようになったのかも知らない〝無関心〟派もいる。そういう親をファンにするのが参観授業である。

親から信頼される教師は、親に親切である。たとえば授業参観日にむけて、〝見てほしいポイント〟と、参観後の懇談で話しあう内容までプリントし、配布している。たとえば、〝見てほしいポイント〟として、

①私（教師）の長所・短所でお気づきのことがありましたら。
②お子さんの席の前後左右の子の顔。
③クラスの子の学用品や服装。

の三点をあげ、参観後の懇談会では、この三点を話しあいたいとのべている。

参観授業の内容をどうするか、という点でも工夫がいる。
ある教師は、参観授業に作文をあてた。授業は「お母さんに叱られたこと」という題で書かせた作文の添削を全員で考えるという内容であった。数人の子が自分の作文を朗読するのを聞いて、よく書けているところや、もっとくわしく書かないと聞き手にはわからないところをみんなで指摘する授業である。
朗読した作文のなかには、自分が悪かったと自己批判した作文もあるし、自分は良いことをしたつもりだったが、不注意で失敗したため、叱られて、不満だという作文もあった。
教師の適切な助言に助けられた子どもの活発な意見発表という授業の展開で、母親たちは

「教育指導の見事さ」に感嘆したものだった。授業後におこなわれた懇談会では、〝子どもの気持ちと叱り方〟が話題となり、母親たちは、口ぐちに「こんな参観授業を毎学期やってほしい」と注文するほど好評であった。

中学校の参観授業に親の職業内容をとりあげ、進路指導の授業とした例もある。これは、あらかじめ親に「その職を選んだわけ」「その職の生きがい」「中学時代で学んだこととのかかわり」などについて書いてもらい、それをプリントして生徒に配布し、生徒に感想を発表させたものである。この授業は親にも参考になったと好評であった。

授業参観のねらいは、第一にわが子が他の子の活動とどのようにかかわっているかを知ることにあり、第二に、今日の学校教育における学習指導のありかたと内容を知ることにある。したがって、わが子が誤答したとか、挙手しなかったなどの現象面だけにこだわる親では困るわけだが、教師もこの点を配慮し、子どもが十分に活動でき、しかも親の時代とくらべられるような指導案でなければならない。親むけに〝授業参観のポイント〟を作成することは、この意味で重要である。

Point. 45 家庭訪問でバレるよい教師、わるい教師

家庭訪問を受けた家庭では、その日の教師の品定めが夕食の話題になる。どんな感じの教師だったか、頼りになりそうな教師か、親の関心事はそこに集中する。教師の印象を語ることで、教師への信頼を増幅したり、不信感をいっそうつのらせたりする。〝まさか家庭で品定めされるとは……〟などと油断して、なんの気がまえもなく訪問してはならない。

服装もそれなりに配慮し、きちんとした印象を与えるよう心がけたい。

親から信頼されるためには、年間計画に位置づけられた家庭訪問を重視しなければならない。

年間計画としての家庭訪問は、地域や家庭の雰囲気を肌で感じとり、子どものおかれている立場を理解し、共感を深めるためにおこなう。したがって、教師は、あらかじめ基本的な質問事項を連絡しておくと、父母側も迎えやすくなる。

質問事項ではずせないのはつぎの三点である。

①勉強する場所と寝室のもよう。

②起床から就寝までのおもなスケジュール。家事手伝いの内容。

③出生後の健康状態、幼年・少年時代の生活ぶり、エピソードなど。

家庭訪問でとくに留意すべきことは、

第一に子どもの生活を肌で感じるために必要な質問に絞ること。

第二に温かい理解者として共感する態度を前面に打ち出すこと。

の二点である。

同僚教員や校長・教頭のうわさ話や、他の生徒の家庭の内輪話、成績や他生徒との比較などは厳禁である。

長時間にわたって話しこんだり、特別な接待をうけるような事態も絶対に避けなければならない。

政治や宗教の話題も避けるべきで、あくまでも子どもの生活を知るための質問と話題にとどめなければならない。

父母会や授業参観など学校行事に参加しにくい家庭や、問題行動のある子の家庭には、年間計画としての家庭訪問以外にも、とくに配慮して密接な接触をはからなければならない。これらの家庭には触れてほしくない家庭内の事情があることが多いので、やたらに詮索するような質問は避け、よき理解者として、父母の話に耳を傾けるべきであろう。

問題児を抱える親は、教師との接触を望んでいることが多い。子どもも教師とのさり気ない会話を望んでいる。問題児の家庭には、折にふれ訪問し、その子の長所の発見と育成のために親とともに努力すべきであろう。

Point. 46 わかりやすい話が信頼の源泉

父母から相談や質問をうけたとき、教師の回答は、具体的、多面的であると同時に、明快でなければならない。そういう明快な回答者になるために、教師は優れた教育相談書に目を通し、回答のテクニックを身につけておく必要がある。

回答のコツは四つある。

第一に、専門ちがいの事例か、自分の知識で自信をもって回答できる事例かをすばやく判断し、専門ちがいなら専門家を紹介すること。チック症なのに〝悪い癖がある〟として、〝癖が出るたびに根気よく注意してください〟と答えた教師がいるが、こういう無責任な答えは、たんに〝誤りだった〟〝知らなかった〟ではすまされない。〝教師の立場を利用した犯罪だ〟といわれてもしかたがないだろう。専門ちがいのことに対し、いいかげんな回答をしてはならない。

第二に、子どもの生活や興味を考慮し、子どもの立場に立って回答すること。「親のいうことをきかなくて困ります」という相談に「私からも言いきかせますが、最近の子はみんなそうなんですよ」では、まったく回答になっていない。夕方六時ごろの、テレビでまんが・劇画を放映している時間帯に、子どもにいろいろな用事をいいつけても、子どもはすぐにやろうとはしないだろう。ゲームに夢中になっているときも無理だろう。そういう子どもの遊びを無視して「いうことを聞かない」というのなら、親には「子どもが一日のうちにやらなければいけない仕事は、その場になって指示しないで、あらかじめ指示して、子どもが自分で時間のやりくりができるようにしたら、きっとやると思いますよ」と回答するのがよい。子どもに手伝わせることが大切なのは、子どもが自分で時間をやりくりし、助けあう習慣を身につけるからである。決して、親の都合にふりまわされて、なんでもハイハイと親の言うことをきく子にするためではない。この点の説明もつけ加えれば、親は家庭教育の役割と意義、方法を理解し、納得するだろう。

第三に、どの子もきちんとした基礎学力と生活習慣を身につける可能性があるのだが、それが身につかないのは、指導法に誤りがあるからだ、という視点を見失わないこと。

物覚えが悪いのは〝くり返し学習する〟習慣がないからであり、忘れ物が多いのは、事前に点検する習慣がないからである。いずれもしつけの問題であって、能力の問題ではない。合理的で、細かい段階をふんだ指導があれば必ずすてきな子になるという視点が教師にあれば、父母は教師を信頼する。

第四に、父母への回答では、内容を三点なり四点なりにわけて、具体的に指示し、父母が〝これならできます〟と自信をもつまで、わかりやすく説明すること。

指示内容はメモして渡すとよい。父母に〝むりはありませんか〟と念を押すのもよい。いずれにしても「三つだけやってください」というように、具体的にいうことがポイントである。

以上の四項目を、やさしい表情を崩さないで話せば、父母は教師を信頼する。

Point. 47 父母は専門家である

〝父母はさまざまな分野で専門家として働いている〟という当然の事実を忘れてはならない。

児童心理学を専門とする学者の父親にたいし、教職歴が二〜三年の青年教師が子どもの心理を説明したという話を聞いたことがあるが、不遜とはこういう教師の態度をいうのだろう。父母の話

を聞くときは、その親の職業・専門を知っていなければならない。

職業を持つ父母の話を聞くときのコツは、つぎの三点である。

第一は、仕事の内容を聞くこと。

「どんなお仕事ですか」

「たいへんでしょうねえ」

「苦労なさるのは、どんなことですか」

こういう質問なら、親は自分の仕事だから、教師にわかるように話してくれるはずである。

職業上の喜怒哀楽を聞いておくことは、その家の子と話すときにも役に立つ。教師が父母の仕事の内容をよく知っているということは、子どもにとって嬉しいことである。

第二は、教科書や、教育内容にたいする意見を聞くこと。文学愛好者の父や母に教科書にある文学作品についての具体的な感想をたずねてもよい。工業技術者に理科・算数・数学の教科書内容への感想を聞いてもよい。電算機を使って仕事をしている親から「機械は押しまちがえても、それなりの答えを出すから、使う人間が答えを見て〝あっ、まちがいだ〟と気づかなければならない。暗算が弱いとこれができない」という話を聞いて、それを子どもに話し、暗算の大切さを強調したという教師がいる。

「○○君のお母さんに聞いた話だけど……」という前おきで話したことなのだが、子どものうけた感銘は大きかったという。

第三に、職場での再教育の内容や、その職業につくための準備教育の内容、心構えを聞くとよい。これはナマの職業人教育の内容だから、中学・高校での進路指導に直接役に立つ。

教師には他の職業の体験を持っている人がほとんどいないから、他の職業、他の職場で、どんな資質が求められているのかを知る機会がない。そのためにどんな教育が必要なのかもわからない。

もし、こういう知識が豊富なら、教師は子どもの性格・興味・適性を見て、適切な指導ができるだろう。

以上、三点が父母から教えてもらえる内容だが、このように父母に教えを乞うことは、教師の熱心さのあらわれとも感じられるから、聞かれて答える父母も教師に好感をもつ。自分の専門に敬意を払ってくれる人に好感をもつのは、人として当然なのである。

しかも、聞き出した内容が当面の指導に効果をあらわすのだから、一石二鳥と考えてよい。

Point. 48 教師に批判的な親の説得法三か条

学校教育にたいする親の要求と、教師の考えには多くの場合ズレがみられる。それは、親自身の生活体験や人生観が子育て法に反映するからだが、不幸なことに、これが教師の眼には、親の〝エゴ〟としか見えないこともある。親の子ども観、教育観、養育態度等にゆがみがあると、子どもの心身の発達は著しく妨げられ、ゆがめられるから、教師は親にそうしたゆがみがあれば、それを正す方向で指導に当たらなければならない。しかし、これは容易でない。

しかも、そういう親にかぎって教師の指導に批判的だが、いかに批判的でも教師に率直に自分の意見を述べることは少ない。この遠慮の気持ちは、親の〝本能〟といってよいかもしれない。

この遠慮の気持ちをなくし、教師と親のあいだに望ましい信頼関係を樹立するには、学校にたいする親の信頼を高め、具体的な協力をひき出す教師の努力が必要である。

親が教師の指導を信頼するのは、つぎの二つのタイプである。
①わが子が信頼し、敬愛している教師。
どの親も、わが子を通して教師を見ているから、わが子が担任教師をどう見ているか、その指導・助言をどう受け入れているかが、担任教師にたいする判断の決定的条件となる。したがって、教師は子どもから信頼され、好かれなければならない。
②親も気づかない側面に気づき、配慮してくれる教師。
前に紹介した例でも明らかだが、腹痛が二日目になっても治まらないことを心配して、専門家である養護教諭を同行して家庭訪問したM先生に、父母がいかに深い信頼をよせたかは、改めていうまでもあるまい。子どもにとっても、M先生は終生忘れえぬ教師となったことはいうまでもない。

これほどの大事件でなくても、子どもの性格などには、親も気づいていない側面があり、それを具体的に指摘する教師は親に信頼される。

そこで、〝子ども観、教育観、養育態度にゆがみがあり、教師の指導に批判的な親〟を説得する具体的な方法だが、これにはつぎのようなものがある。

第一に、教師は親の意見の聞き手になり、ひたすら聞くこと。親には親なりの生活史があり、子どもの能力についての観察もある。これをよく聞くことがなによりも大切。

第二に、意見の一致点を見つけ、その一致点について十分に話しあうこと。親に反論しても親は納得しない。反論せずに一致点だけで話しあっていると、親の気分がほぐれてくる。

第三は、子どもの長所を指摘し、その長所を伸ばす工夫を話しあうこと。どの親もわが子の長所が教師に認められていれば嬉しい。まして、親が気づかなかった長所が具体的に指摘されれば、文句なしに教師を信頼する。

この三点が説得のポイントである。

Point. 49 自分の生い立ちを語れ

学級PTAや父母会のときに、適当な機会があれば自分の生いたちを話すとよい。話の内容は、高校時代までのエピソードとし、自慢話にならないよう配慮すればよい。

幼年時代については、家庭でのしつけにかんするものがよい。

小学生時代については、ならいごと、学習塾、遊び、予習・復習にかんするものがよい。

中学生時代については、クラブ活動、先輩、いたずらにかんするものがよい。

高校生時代については、学習、友人、学園生活にかんするものがよい。

いずれについても、失敗談から教訓を引き出すのがコツで、成功談は、自慢話になりやすく、嫌う父母も多い。

教師という職を選んだ理由も機会があれば話すとよい。教育系学部出身者なら、なぜ教育系学部を選んだか、が話題となる。たとえば、小・中・高校時代にすてきな教師がいて、その教師にあこがれたのなら、その教師を語るのもよいだろう。子どもが好きだったのなら、幼いときからのエピソードを語るのもよかろう。教職へのあこがれの強さを語ることは、父母に〝教育熱心な、頼りになる教師〟という印象を植えつける契機となる。

教育系以外の学部出身者なら、教職を選んだ理由を具体的に語らねばならない。かりに「他によい職がなかったから」にしても、「契機はそうだったが、実際に子どもに接しているうちに……」と具体的に教育への意気ごみを語るべきだろう。

自分の生いたちは、折にふれて子どもにも話しておくとよい。短気ですぐに怒ってしまう性格なら、幼年時代から短気で損をした体験も多かろう。中学・高校時代のいたずらにもなつかしい思い出があろう。クラブ活動や、生徒会活動、学校行事の思い出もあろう。そうした思い出の数々を、子どもに話すことは、教師への親近感を増すことになるだけでなく、失敗談を通じて、人生観、生きかたを教えることにも通じる。

子どもは、そうした教師の生い立ちや失敗談を父母に話すものである。父母はわが子の話から素顔の教師を想像し、好感をもつにちがいない。

Point. 50 子どもの人生に責任をもて

子どもにとって、教師とは〝人生の羅針盤《らしんばん》〟のようなものである。小学生時代の教師に「鉄道の専門家にむいている」といわれて、交通問題の専門家になった人がいる。中学の教師に「勉強はむいてない」といわれて、ほんとうに勉強しなくなった子がいる。高校の担任教師に「文系はむかない。理科に行け」といわれて大学の理工学部を志望した子がいる。

それぞれの教師に、当時のことを思い出してもらうと、多くの教師は「そんなことを言いましたかねえ」といって頭をかかえてしまう。教師のその当時の判断には、それなりの根拠があった

のだろうが、長い年月を経てしまうと、〃果たしてその指導が適切だったろうか〃と疑問をもつことが多い。

小学校の教師に「こんな成績では公立高校には入れないよ」と叱られて、以来コンプレックスを持った子、中学教師に「A高もB高もむり、C高ならなんとか」といわれて、普通科志望、商業科志望をあきらめ、農業高校に入学した子がいる。こういう例は、あまりに多いが、いったい、こういう指導をした教師は、子どもの人生にどうかかわろうとしているのだろうか。

子どもと教師のかかわりは、結婚相手との交際に似ている。お互いに自分の長所を見せようと努力しているが、結婚してなん年かたつと、相手の長所が見えなくなり、無責任になる人も多い。

また、就職した企業とのかかわりにも似ている。相手からなんらかの利益を得ようとするし、就職したことによって技術上、人生上プラスになることも多いが、長い人生からみると、マイナスだったと考えることも多い。

また、例は悪いが、刑務所にたとえることもできよう。悪とのたたかいもあるが、強制され、矯正されることもある。

人間には人生をふりかえる三つの転機があり、それは、結婚、就職、入獄だという言葉を聞いたことがあるが、それらの共通点が集約されているのが学校・教師とのかかわりであろう。

「教師も人間だ」という言葉は、しばしば教師の過ちを免罪しようとするとき使われる。もちろん、過ちは避けられないかもしれないが、その過ちの結果、誤った方向を示されてしまった子の人生はどうなるだろう。やり直しのきかないその人生の補償はどうなるのだろうか。こう考えると、「教師も人間だよ」という開きなおりは許されないと思うのである。

教師は、子どもの心にふれる仕事をしているのだから、教師自身が思いもかけなかったような心の傷を子どもに与えていることがあるかもしれない。その意味では、教職は償うことのできない罪を背負って、しかも理想を目指して歩まねばならない苦難の職業といえるかもしれない。教師は言動に慎重であらねばならない、というのは、この子どもの人生への責任があるからである。

第5章

優秀教師の4条件

Condition.

1 タレント性を意識せよ

人気教師であること

職業人であるかぎりは、誰しも第一級の職業人でありたいと願う。第一級の職業人は、その専門分野で優れた才能・手腕をもっていなければならないことはもちろんだが、それだけで第一級になれるわけではない。

第一級であるためには、なによりも人に好かれる人柄がなければならない。

とくに教師は、児童・生徒に好かれていなければ、日常の生活が成立しない職業である。たとえば、学年始めの学級担任の発表の場面を思い出してほしい。人気のある教師が担当することになった学級からは歓声があがるが、嫌われている教師が担当することになった学級からは落胆のため息が聞こえる。

授業の効果も同様だ。子どもは自分が好きな教師の教科は熱心に予習し、よい成績をとろうと努力するが、嫌いな教師の教科の学習はなおざりだし、場合によっては、教科そのものを嫌ってしまう。

教育という仕事は、教師が子どもから好かれ、教師に認められたいと願う気持ちを大切にしながら、指導の効果をあげる仕事だから、好かれることが基本的条件なのである。

では、好かれる教師とは、どんな教師だろうか。授業中の生徒との対応をみればわかる。たとえば、教師は授業中に生徒に質問し、すぐに答えられないと、すこし待っている。これを「待ち時間」という。この待ち時間の使い方によって、生徒に好かれている教師か、嫌われている教師かを区別できる。

生徒から好かれている教師は、成績の良い子にたいしても、悪い子にたいしても、同じくらいの待ち時間をとるが、嫌われている教師は、成績の良い生徒の待ち時間が長く、成績の悪い子の待ち時間は短い。

嫌われている教師は〝成績の良い生徒だから待ってやれば答えられる〟と思い、〝成績の悪い生徒だから、待ってやるだけ無駄だ。どうせ答えられない〟と考える。

好かれている教師は、〝成績は悪いけれど、この場合、答えられるかもしれない〟と、いつも考えている。

教師の人気の秘密は、こんな日常にひそんでいる。生徒が教師に求めているのは、第一に「話しやすさ」、第二に「公平さ」であるが、この待ち時間の例をみてもわかるように、好かれる教師はどの生徒にたいしても、「公平に」接している。だから生徒はこの教師に「話しかけやすく」なる。このような教師は、生徒から「やさしい教師」「聞き上手な教師」として慕われる。

しかし、この待ち時間の「公平さ」は、ある日突然に思い立って生まれるものではない。

かつてサントリーが、入社一年目のＯＬを対象におこなった「こんな人と飲みたいベスト5」という調査がある。

一位　やさしい人
二位　聞き上手な人
三位　趣味の話をする人
四位　よく気のつく人
五位　庶民的な店を好む人

どんな職業でも、この五条件がそろった人なら好感をもたれるにちがいないが、このうち、一位から四位までは教師に欠かせない条件といってよいほど基本的なものだ。

教師像についての調査をみても同様の傾向がある。京都市で教師・父母・生徒を対象におこなった調査がある。それによると、

一位　話しやすい先生

二位　公平な先生
三位　熱心な先生

となっている。

この二つの調査にあらわれた条件は、好ましい指導者としての条件ともいえる。教師は指導者なのだから、いくら若くてもこれらの条件を満たしていなければ、好ましい教師とはいえない。ここに教師という仕事の難しさがある。

もちろん、指導者といっても、他の職業の指導層との相違点はある。まず、共通点をあげると、他の職業人が自分の上司（指導者）を選べないのと同様に、児童・生徒も担当教師を選ぶことができない。相違点は、第一に、他の職業では、指導者になるまでには一定の〝下積み〟の期間があるが、教師は就職第一日目から児童・生徒の指導者となることである。

第二に、他の職業では、前述の条件が身についていない指導者は、部下を掌握できないから、長くその地位を保つことはできないが、教師は、それらの条件がなく、いかに嫌われていても指導者としての地位を失わない。

好かれなければすぐれた教師にはなれない、という点では、すてきな教師は〝タレント〟である。ただ、タレントと違うのは、タレントは人気がなければ消えるが、教師は人気がなくても教壇に立っているという点である。

しかし、前述の好かれる条件がなく、タレント性もないという教師はつらいだろう。

Condition. 2 伝統を生み、育てよ

勤務校に新風を起こすこと

学校には、なんらかの伝統がある。伝統は先輩から後輩へと引き継ぎ、受け継ぐしきたりだから、そのしきたりは、子どもたちが〝すばらしい〟と誇れる内容でなければならない。この誇りが意欲を生む。

伝統を担うのは子どもたちだが、その伝統を生み、育てる指導は教師の責任である。好かれる教師は〝すばらしい伝統〟を生み、育てる役割を果たしている。

M学院H高校（私立男子校）での話。

ある現業職員が「最近、中庭に紙飛行機が飛んでいる。先生ご存じですか」と言った。教師は中庭を見おろすことはめったにないから知らなかった。「どこから飛んでいるのですか」ときくと、「三階ですよ」という。三階には三年生の教室がある。こうして現業職員は「三年生はこの

ごろ荒れていますよ」と知らせてくれた。
また「雨の日に螢光灯が割れます。なぜ割れるか知ってますか」と教師にきく。教師はボールでも投げるんだろうといったが、これも違った。生徒たちは、雨の日にうっ積しているからスリッパを投げるのだという。これは下級生に多かった。
養護教諭は「仮病をつかって保健室に寝にくる生徒が相当います。なんのために来るのでしょう」という。教師は、勉強を怠けたいためだろうといったが、これも違った。
教員は男性ばかりだから、自分の悩みをいうにはちょっと抵抗がある。養護教諭はクリスチャンで、とてもやさしいおばさんという感じだから、生徒の心を聞いてやれていたのである。

生徒指導の教師は、生徒に敬遠されているから、一般生徒は近づかない。その子らは保健室で悩みを語っていたのである。

図書室の司書教諭は「最近、読書指導を手抜きしているのではありませんか」という。国語の教師は「なぜ、そんなことがわかるのか」ときくと、司書教諭は「図書室に来る生徒の態度ではっきりわかる」という。

また、事務職員は、生徒に〝証明書請求はボールペンで書くように〟と指示しているのに生徒のなかには鉛筆で書いてくる子がいる。「書きなおしてちょうだい」「いいじゃねえか」「いいじゃねえかということはないでしょう」と、大騒動になる。これを聞いた教師が、改めて指導しはじめたら、だんだん子どもの態度が変わってきて、とうとう、証明書を受け取ったとき、「ありがとうございました」という子があらわれるようになった。

まだある。この学校の花壇は男子校とは思えないくらい見事なのだが、この花壇は七十歳の業務主事が作っているものだ。この人はダリア作りの名人で、おとなの顔より大きなダリアを咲かせる。これを毎年、文化祭に合わせて咲かせている。

この花壇は、開校以来一度も荒らされたことがないという。ところが、ある年、この花壇に足あとが三つついた。七十歳のおじいさんは「これまでこんなことはなかったのに」と嘆いた。

生徒指導部長は、礼拝堂（この学校はキリスト教の学校）に生徒を集めて〝開校以来なかったことが起きた〟と切々と訴えた。礼拝堂を出て来た生徒たちは、礼拝堂のコーナーにある花壇で、みんな立ちどまって、その足あとをじっと見ていた。

その後、一時間ほどして、三人の子どもが生活指導部長のところへ来た。

「実は、ぼくたちです」事情をきくと、朝、遅刻しそうになって走っていると、コーナーでつまずいて、よろめき、もつれあって花壇に入ってしまったのだということだった。この事情は、直ちに全校生徒に伝えられ一件落着となった。

こういう生徒指導は、毎日花壇の手入れをしている業務主事がいて、毎年の文化祭当日に見事なダリアを咲かせてくれるのだという学校の伝統が誇らしく語られる学校だからこそ可能なのである。そこには、職員と生徒の関係だけでなく、文字通り教員・職員・生徒が一体となって学校の伝統を支えている姿がある。文化祭に咲くダリアはその象徴である。

学校ごとに伝統の内容が異なることはいうまでもないことだが、すばらしい伝統を誇る学校では、学校行事やクラブ活動のどれひとつをみても教員の熱心な指導があり、その教員・生徒の取り組みを励ますような職員たちの支援がある。伝統をつくり、育てるために、教員と職員が手をたずさえて努力している。

どの学校にも伝統がある。創立以来五十年以上の歴史をもち、卒業生や旧職員のなかに有名人がいる学校も少なくない。スポーツ部で優勝歴を誇る学校もあれば、文化活動で知られている学校もある。自由な気風を伝える学校もあれば、研究心の旺盛さを誇る学校もある。名門校に数多くの卒業生を進学させていることで有名な学校もあれば、きめ細かく、行き届いた指導で非行化を防いでいる学校もある。

こうした特色のある学校を一般に「名門」と呼び、そこに勤務する教員・職員は一定の誇りをもって生徒に接している。〝ローマは一日にして成らず〟の言葉通り、これら名門の伝統も一年や二年の努力でつくられたものではない。その学校に勤務した教員・職員が、五年、十年と努力を重ね、指導を後任者に引きつぎ、後任者は前任者の指導をさらに自分なりに発展させるなかで、しだいに伝統を形成したのである。

好かれる教師、優れた教師とは、その学校に腰を落ちつけて、その学校に一定の伝統、校風を築く役割を果たす風雲児である。

そのような教師は、校長、教頭、教員と話しあうだけでなく、事務職員、用務員、給食作業員などとも話しあい、連絡しあっている。これら職員は直接生徒指導に関与しないから、教育上の役割を軽視する教員が多いが、優れた教師は、これらの職員に助けられて生徒指導に当たっていると自覚している。

ダメ教師、サラリーマン教師は、こうした伝統を否定的にとらえ、拒否的姿勢を示すから、伝統を生み、育てようとしない。したがって、校長、教頭、教員と話しあおうとしないし、職員にたいしては見下した態度で接することが多い。

勤務校に誇りうる伝統をつくろうと、学校行事の内容を工夫し、生徒指導に心を砕く教師こそ、好かれる教師である。この教師が学校に新風をまき起こす。

Condition.

3 父母に信頼されよ

家庭教育の相談役であること

どの父母もわが子をかしこい子にしたいと願っている。そのために家庭でやれることはないかと教師に聞きたがっている。この問いに適切に答えることが父母からの信頼をうる第一条件だといってよい。

まず、家庭でやれることをどのように話すか、が問題になる。

たとえば、小学四年から六年までを対象に行なった「子どもの行動研究会」の調査によると、ほとんどの子が〝勉強は大切だ〟と思っている（九三％）。そして〝授業中は一生懸命勉強しよう〟と思っている（八四％）。しかも、〝勉強が得意になるためには努力が必要だ〟とも考えている。ところが、実際に努力したという子は半数で、とくに成績下位の子には努力そのものがうまくできない傾向がある。

こうした事実をふまえて、では、どうすれば努力する子になるのかを父母と一緒に考える教師が信頼される教師なのである。

そこで、具体的な事実によって、父母に助言することが必要となる。

東京都立教育研究所の研究によると、知能偏差値は普通だが学習成績は上位という子は、生活規律がしっかりしており、家事の手伝いなど仕事の習慣が身についている子だという。こういう子はテレビ視聴の時間も短いなどの特徴がみられるわけだが、同じ知能偏差値でも学習成績下位の子には、これらの特徴がみられないという。努力する子には、生活規律と自制心を育てるような家庭生活があるが、努力する習慣のない子の家庭には日常生活の規律さえ確立していないという指摘である。

規律と自制心をはかる物差しとして「早寝・早起き」の習慣の有無をとりあげてみよう。日教組・国民教育研究所の調査によると、小学校高学年では三人に一人が「一時間目の授業中にボヤー」としているという。その「ボヤー」のある子の六割以上が七時以降に起き、十時以降に寝る「夜型」生活をしている。これと対照的に、「ボヤー」のない子のほとんどが七時までに起き、十時までに寝る「朝型」の生活をしている。

「ボヤー」のある子の半数は「見たい番組をチャンネルを適当に回して探す」が、「ボヤー」のない子は逆に半数以上が「決めた番組だけを見る」習慣になっている。

「ボヤー」のある子では「テレビを見る前に勉強する」子が三割しかなく、ほぼ同数が「見ながら勉強」しているが、「ボヤー」のない子では「テレビを見る前に勉強」する子が六割で「見ながら勉強」は一割しかない。

この傾向は中学生になるとさらに深刻化し「一時間目にボヤー」は四四%、「ボヤー」のある子の三人に二人は「ついていけない科目がある」と答えている。「ボヤー」のない子は半数ちかくが「ついていけない科目はない」と答えている。

生活が規律正しければ家事手伝いも習慣化し、テレビ視聴もけじめがつくということだ。こうしたポイントを押えた話を父母とともに考えるような教師なら、一人ひとりの生徒の家庭生活の相談にも乗れよう。信頼はこんなデータの使い方から生じるのである。

授業についてゆけない子の対策でも、福島県教育センターの研究によると、国語の落ちこぼれは小学三年から始まると指摘している。三年で「漢字の音訓読みわけ」ができない子は六七％、四年で「段落の区切り」ができない子が七一％、「修飾語、被修飾語の関係」がわからない子が六八％になっている。

父母とともにこうした事実を考え、対策を立てる教師が信頼されることはいうまでもないだろう。

父母は自分が信頼している教師を支持する。子どもは父母が信頼している教師にたいして従順である。こういう父母の信頼をあつくする努力なしに、教育の成果は期待できない。

Condition. 4 指導に自信を持て

困難に挑戦する教師であること

小学五年にはどのような特徴があるかを知っているだろうか。

小学五年生になると、全身運動の面では身のこなしが技巧的になる。スポーツでは技巧をたのしむようになる、手先運動では正確度を増し、字がきれいになる。

記憶力の面では論理的に記憶する力が伸びてくる。

思考面では自己中心的な思考が消え、成人なみの思考をする。推理作用が発達してくる。

情緒面では社会的、道徳的な怒りを感じるようになり、友人愛が強まる。

読書面では男子は偉人伝、女子は少女小説を好む。

親や教師の言動に批判的になり、グループのリーダーへの共鳴・尊敬の念が強くなる。

こうした五年生の特徴があらわれはじめた子にたいする指導のありかたと、まだそれらの特徴があらわれていない子にたいする指導のありかたに相異があるのは当然である。

学習面でも五年生以上の子には、予測・推理力を生かした予習方法を教え、日常的に実行するよう励ます必要があるわけだが、そういう子どもの心理と発達についての知識がなければ、学習指導も効果は上がらなくなってしまう。

子どもの心理と発達についての知識が深い教師は学習指導も生活指導も適切だから、子どもも教師によくなつく。

したがって、教師が深くいましめなければならないのは、自分の狭い体験を絶対視して、指導が非科学的となり、平板化し、柔軟性を欠くことである。

学校教育の基本は、子どもにやる気を起こさせ、具体的できめ細かな指導によって、目標に到達したときの喜びを体験させ、自信をもたせ、さらに次の課題に挑戦する意欲を起こさせること

である。

このために教師は、一人ひとりの子どもにやる気を起こさせるにはどうすればよいかを知らなければならない。一人ひとりの子どもがもっている既習知識・技術は多様だから、多様な対応をしなければならない。小学一年の入学時でさえも子どもの知識・技術は千差万別なのだから、学年が進むにつれて子ども間にかなりの差が生じることは避けられない。そうした多様性を一方でふまえながら、どの子にもやる気を起こさせるにはどうすればよいかを研究し、工夫するところに教育という仕事のだいご味がある。

このだいご味を味わうためには、なによりも教育関係の専門書・専門紙誌をよく読むこと、最先端の教育研究・教育実践に学ぶことが早道である。自己の狭い経験の枠に固執してはならない。

しかし、子どもの心理や学習指導法をいくら研究しても、指導で思うような成果をあげられないことがある。指導とは、いつも新しい困難、新しい事態との対応のなかの創意工夫から生まれるものだからである。

思うような指導の成果があがらないとき、落ちこんでしまう教師がある。優秀な教師かダメ教師かの別かれ目はここで決まる。

ダメ教師は落ちこんだとき、自信を失ってしまうが、優秀教師は事態を新たな困難として受けとめ、困難克服への新たな意欲をもやし、創意工夫をこらす。

優秀教師の自信は自分の成功経験を根拠にして、自分を信頼するところにある。自分の能力の多様性、才能の価値を再確認する気力である。負けるものかと自分にいいきかせる楽天性である。

思うような成果があがらない背景には、必ず、指導上見落としてはならないなんらかの条件を見落したり、軽視したりといった問題がある。子どもが、なぜ指導についてこれないのかを考えるには、子どもの家庭環境、生育歴、既習知識・取得技術についての洗いなおしが必要である。指導についてこれないのは、それなりの条件があるからである。

この点の洗いなおしをすれば、必ず手直しの方針が生まれる。

自分の狭い体験を絶対視し、自分の指導法が正しいと思いこんでいる教師は、指導がうまくいかないと落ちこみ、新たな意欲をわかせようという気力さえ失ってしまう。だから、子どもをとりまく環境条件の変化や、子ども自身の主体的条件の見落としを洗いなおそうとしない。子どもの条件を固定的にとらえているからである。

したがって、教師が指導に自信をもつためには、第一に子どもの成長・発達と心理について科学的、論理的、総合的な知識をもつことが必要であり、第二に、子どもの学習上、生活上のつまずきや悩みには、それを生んだ環境・情況があることを知らねばならない。

この二条件を日常の教師生活を通じて自分のものとして体得していることが、困難に屈せず、意欲的に挑戦し、指導に成果をあげ、教師としての自信を持つ道である。

補章

しつけを考える

問題児に共通する三特徴としつけ

学校生活にとけこめず、怠学・不登校をくりかえす子、知能程度は普通なのに授業についていけない子、規律を守れない子……こういう子は、家庭生活でもわがままであり、生活に規律やけじめがないという例が少なくない。こういう子には、つぎの三つの特徴がある。

①時と場所によって〝がまん〟しなければならないことがあるのに、その〝がまん〟ができない。わがままである。

②起床・就寝・食事・テレビ視聴・娯楽など生活時間にけじめがなく、ダラダラと一日を過ごしている。キビキビした動作がない。

③社会的身分・年齢・知識・経験などによって目上、目下の区別があるという社会常識に欠け、目上の者に無礼な言動がある。

この三つの項目のどれ一つがあっても〝しつけが悪い〟〝行儀のわるい〟子であるが、三つがみなそろった子は非行にはしりやすい子である。なぜ、そのような子になってしまうのか、その原因に〝厳しすぎるしつけ〟と〝甘すぎるしつけ〟の問題がある。

禁止事項が多すぎる子とまるでない子

厳しすぎるしつけとは、禁止事項がむやみに多く、禁を犯すたびに過度の罰が加えられるしつけである。家庭では〝ふとんのたたみ方がわるい〟〝食器のもち方がわるい〟とささいなことで激しくしっ責され、学校では〝二人ならんで歩いた〟〝ワイシャツのボタンをはずしていた〟ということまで体罰の対象になるということでは、明らかに厳しすぎるしつけと言えるであろう。「法は三章あれば足りる」ということばがあるが、禁止事項は少ないほどよく、その少ない禁止事項を徹底させるのが〝適正なしつけ〟である。

甘すぎるしつけとは、禁止事項がまるでなくて、なにをしても見過ごされ、無規律・放任、あるいは、子ども自身がしなければならないことでもおとなが代行してしまう〝過保護〟である。しつけとは行儀を教えることだから、年齢・発育に応じてできることをやらせながら、日常身辺処理の能力、家事処理の能力、人との交際の方法などを身につけさせるわけだが、放任や過保護の家庭では、そうした適切な指導をせず、しつけは不要、ないし、しつけは自然に身につくものと考えている。

教師のなかにも、生徒を勝手気ままに行動させることが〝自主性を伸ばす〟方法だと誤解している例がみられる。

つぎに具体的に考えてみたい。事例1は過干渉で、厳しすぎたしつけの例、事例2は過保護で、甘すぎたしつけの例である。

厳しすぎるしつけの背景

事例1・集団にとけこめなくて暴れる小学校低学年の子

〈訴え〉習字のおけいこ塾に通っている小学一年の男子。塾で筆をふりまわし暴れまわって、からだ中をまっ黒にしてしまった。急を聞いてかけつけた母親は、家に連れ戻って、まっ黒になった息子を風呂場で裸にし、ピシャピシャたたきながら洗ってやったが、情けなくて涙がぽろぽろあふれ、どうにも止まらなかったという。

この子は、幼いときから動作が緩慢で、着がえのさいも、シャツを手にもったまま、ぼんやりしている、〝ズボンを早くはきなさい〟といっても、ズボンをはかずにおもちゃをいじっている、というぐあいである。

幼いときから食が細い。テレビを見たり、なにもしないでいるときなど、つめかみチックがあった。この子の知能程度は普通である。

友だちとも仲よく遊ぶことができない。遊びに来た友だちにおもちゃを貸さないから、みんな帰ってしまう。家の中では三歳ちがいの妹を相手に遊ぶが、外遊びはしない。妹にはまばたきチックがある。

〈背景〉 この子の父母は恋愛結婚。父方の両親は、大商店経営者。この子の父は長男だから店を継ぐはずだったが、学生恋愛、そして結婚と話が進むうちに、家を出てサラリーマンとしてしばらく修業するという話になり今日にいたっている。父方の両親は、早く実家に戻り、店を継いでほしいといっているが、当分その条件はない。したがって、嫁姑のあいだになんとなく気まずい思いがある。

「主人が実家を継ぎたがらないのは嫁の私がそうしむけているからだと、姑に思われてるんです。そのうえ、子どものしつけがなってない、問題児だなんて思われたら……。どうしても人並み以上でなければ困るんです。よそのお子さんがもう字が書ける、ピアノが弾けるという話を聞くとあせっちゃうんです」

「家内は神経質すぎるんです。毎日、子どもはしかられ通しですよ。朝起きてから、カバンを背負って玄関を出るまで〝早くしなさい〟〝なにをやってるの〟〝ぼんやりしちゃだめじゃない〟の連続で、まるで嵐ですよ」

この子、玄関を出てから数歩あるいて立ち止まり、歯をくいしばり、手をにぎりしめてうつむき、ぶるぶる震えて動かなくなることがあるという。学校に行きたくないのである。昼食時にこの子をふくめてみんなですしを食べた。一人前の半分も食べないうえに迷いばしがある。のり巻きにしようか、たまごにしようかと迷いながら食べる。母親はそのたびに〝やたらはしをつけたら、あとでむだになるじゃないの、みっともない〟としかる。しかられるたびに別なへまを重ね、またしかられる。

〝子どもはのびのびと育てたいんです〟とは、両親のことばであったが、その願いと実際のしつけとは、かけ離れていた。

〈判断〉〝しつけが厳しい〟とは、親が理想とする行動様式のわくからのはみ出しをいっさい許さない、ということだろう。この子の場合、母親がこの子の行動を万全のものにしたいと願って、小学一年生なのにおとなと同等の行動をするよう強要している。三、四歳ころから就学直前までつめかみチックがあり、いまは、この子の妹にまばたきチックがあるということは、なんらかの緊張関係が母と子のあいだにあるためと思われる。

旧家の長男の嫁とりには、それなりのしきたりがあったのだろうが、恋愛結婚はそのしきたりからはずれる、なんらかの障害を含んでいたと思われる。そのため、妻として母として〝祖父母に批判されない子育て〟を志向せざるをえなかったのだろう。

実家を継ぐことを嫌い、サラリーマンとして生きがいを求めている夫の意向を尊重しようとするほど〝立派な子、後ろ指をさされない子〟に育てなければ、とあせる。おまけに、夫が出勤したあと、幼い子どもと二人だけの日々である。〝子どもから目を放したことはありません〟と回顧するほど〝わが子べったりだった〟日々である。その生活は、子どものどんな動作にも母親の干渉の手や口がはいるという生活である。そのなかで、母のいいつけをよく守るよい子に育っていた。

ところが、それは妹が出生するまでの三年間である。妹が生まれると母親の眼は妹にむいた。兄としての自覚が、突然強いられた。チックが始まったのはこのころである。

小学校入学をひかえ、小学生としての自覚を強いられるようになるころ、この子は自分から「習字の塾に通いたい」といって母親を喜ばせるが、通いはじめると、字をうまく書けず、墨をこぼしたり、紙から文字がはみ出たりの失敗が続き、塾教師からもしかられる。イライラし、ちょいちょい暴れる。

母親に注目されていたい、妹のようにかわいがられていたいという願いが潜在し、その結果、行動に幼児化現象がみられるものと考えられる。母親が厳しく迫るほど妹に当たるなど、自己中心的言動が目立っている。

祖父母の教育方針を意識するあまり、家事手伝いや一家だんらんなど、家族ぐるみの楽しい家庭づくりを意識できないでいるところに問題があった。簡単な炊事・掃除を母といっしょに楽しみ、スポーツを父と楽しむよう助言した結果、気分の安定がみられるようになった。

甘すぎるしつけの背景

事例2・家庭内暴力と怠学の中学生

〈訴え〉 中学二年女子でひとりっ子。母親に暴力を振るう。〝服を買え〟〝遊びの金がいる〟という口実で小遣いをせびり、与えないと〝ババア、てめえ、それですむと思ってんのかよお〟とすごむ。食事中に気に入らないことがあると、茶わん・皿を投げつけ、テーブルをひっくりかえす。校則違反のパーマをかけたり、勝手に髪を染めたりのくりかえし。勉強嫌いの遊び好きで、小学校時代から怠学・不登校が続いている。遊びとしての万引、ゲームセンター入りびたり、盛り場うろつきなどで知りあった年長の男子らと交際、妊娠はしなかったというだけで性関係にもかなりの乱れを感じさせる。学校では〝要注意人物〟視しているが、指導方針が極端に二分しており、ある教師は放任、ある教師は体罰で臨んでいる。小学生時代は近所の級友が誘って登校したが、中学で学級が別になったため、誘う級友もなくなった。学級では班ノートを回して登校をうながしているが、効果はまったくない。登校しないのは〝朝、眠くて起きられない〟からで、学校生活に拒否反応があるわけではない。学校生活には、むしろ無関心というのが当たっている。

虚栄心が強く〝同級生なんかガキっぽくて話が合わない〟とか〝高校は○○高(地域で名門校を受けたい〟など、いいふらしている。

〈背景〉 父は建築関係の会社社長、母は同社常務取締役、母の兄が専務の同族会社だが、従業員十五人で、地域では名の知られた存在。母はPTA役員の経験あり、世話好き。

父母の学歴は共に中学卒。苦労して今日の地位を築いたので、娘を〝箱入り〟のお嬢さんに育てるのが夢だった。

幼いときから、衣服・装身具などぜいたくに買い与え、おもちゃも次々と豪華なものを使わせた。小遣いは毎月一万五千円ときめてはいるが、実際には欲しいといえばすぐに与えてきたから〝無制限〟というところ。小学校への登下校も雨や雪が降ったり寒かったりすると、会社の乗用車で送り迎えするという過保護ぶりだった。

娘の誕生日には、母親が学級全員にプレゼントしたとか、体育祭・遠足には教職員全員に行き渡るだけの飲食物を寄付するとか、とかく母親にも問題行動が目立った。

娘の専用室は、応接セット・テレビ・ステレオ・冷蔵庫から専用電話まで設備された豪華さで、物質的環境としては、文字どおり〝箱入り〟お嬢さんである。

家事手伝いに類することはいっさいやらないだけでなく、自分の部屋の掃除から下着の洗濯まで、母親まかせである。

父母は、娘の怠学ぶりから、自分たちのしつけの誤りに気づき、〝高校進学どころか中学卒業も危ない〟とあせり、登校をうながしたり、小遣いを制限したり、遊びあるきを注意したりしはじめたが、娘はそのたびに激しく反発し、家庭内暴力に発展した。現在、暴力は母親だけにむけられていて、父親の前ではおとなしい。

〈**判断**〉過保護は親の虚栄心と不可分の関係にある。幼いときから物質的に無制限のぜいたくと、気ままな生活をしてきたから、いかなる制約も嫌うわがままな娘になってしまった。この娘の生育歴の特徴は、発達に即した必要な体験がなかったことにある。

家庭内暴力児には、幼少時から食事、衣服の着脱、片付けなどについてのしつけがなっていない誤りがあるとされているが、これは、その典型例といえる。幼いときから起床・就寝・食事の時間が本人の気まま勝手になっている。小学校入学までは衣服の着脱も、母親がまるで人形の着せかえ遊びをするように手伝っていたという。小学校入学時にも身のまわりのことについて、自分のことは自分でするという習慣が身についていなかったのである。

〝お嬢さん〟教育ということで、ピアノ・絵画・水泳などけいこごとにも通わせようとしたが、いずれも規律正しく行動したり、指示どおりに練習することを嫌うため、三日坊主でやめている。家庭に音楽・絵画など芸術を楽しむふんい気がないことも、この娘に関心がない原因と思われるが、水泳のようにつらさに耐えなければ練習にならないスポーツは、もともと〝かっこよさ〟にあこがれるだけで努力は嫌いという子にはむかない。

基本的・日常的な生活習慣が身についていない子には、たとえば毎日三十分間、自宅で机にむかうという学習習慣の基礎がないから、小学五・六年生で落ちこぼれとなる。基本的・日常的生活習慣が身についていない子は、三人以上の仲間といっしょに行動するという社会性がないから、友だち集団から排除されてしまう。いつも孤立しているから、社会性を身につける機会はますます乏しくなる。

このような子に必要なことは、生活規律や生活習慣を正しく身につける努力を通して、生活の満足感を味わわせることである。この娘はお金も暇もなんでもあって思いどおりになっているのだが、本人に聞くと「家も学校もつまらない。たのしいことはないかなあ」という。つらいことをやりとげたあとの満足感を味わうよう、根気強く指導しなければならないのであろう。

＊

厳しすぎるしつけの場合も、甘すぎるしつけの場合も、おとなの側に共通しているのは、第一に親自身・教師自身の利害、打算を先行させており、子どもが自力で自分の運命を切り開くためにはどんな力量を身につけていなければならないか、という視点に欠けていることである。

第二に、甘すぎる場合も厳しすぎる場合も、その方針が中学・高校まで貫かれるわけではなく、小学校高学年以降で、しつけの路線が変更されてしまうという点である。厳しすぎ・甘すぎのしつけは、小学校低学年から高学年に進むなかで一転し、さらに中学に進んで一転し、高校でまた一転する。厳しい教師があり、甘い教師がありで、学校教育におけるしつけも、たとえば、小学校で自由であった服装が中学ではズボンのすそ幅、スカート丈から、くつ下の模様まで規制されるというありさまである。

第三に、集団生活の楽しさは、適切なしつけがおこなわれることによって保たれるものであるが、厳しすぎ・甘すぎのいずれの場合も、子どもに楽しさを味わわせようという目的意識がないことである。

こうしたしつけの誤りの背景には、学歴社会・能力主義社会・就職難・生活難などさまざまな社会生活への思惑があるわけだが、いかなる社会が未来にあるにせよ、適正なしつけこそ武器であるという信念がおとなに必要かと思われる。

改訂新版 大学では教えない　教師の50ポイント（応用編）

2001年5月1日　第1刷発行
2012年8月28日　第5刷

著　者　関根　庄一
発行者　南　　節子
発行所　㈱労働教育センター
〒101-0003
東京都千代田区一ツ橋2-6-2
日本教育会館
TEL 03-3288-3322／FAX 03-3288-5577

デザイン：㈱エムツーカンパニー

教　育

21世紀の学校図書館　情報化・専任司書教諭・学校法改正

西澤清・荘田英夫　監修　日本学校図書館教育協議会　編

A5判上製　本体価格2,500円

学校図書館法が改正され、司書教諭の役割が注目されている。
戦後の教育改革で生まれた学校図書館は21世紀をむかえようとしている今、大きく変わろうとしている。
情報化社会における、新たな学校教育が求められている今、学校図書館教育がめざすものはなにか。
戦後の教育改革と学校図書館のあゆみをふりかえりながら、21世紀における学校図書館教育のありかたを問う‼

ISBN4-8450-0343-0

新版　大学では教えない　教師の基礎常識

関根庄一著　四六判　本体価格1,000円　1999年

新任教師は、大学を卒業後すぐ社会的経験もないまま、教師として生徒の前に立ち指導しなければならない。未熟な教師のための常識的な知恵を、高校教師として勤務後、教育評論活動に入り総合教育研究所所長を勤め、客観的に教育現場を分析してきた著者が、50の事例をあげわかりやすく示す。ロングセラーの16年目の1999年改訂新版。

ISBN4-8450-0056-3

子どもの権利条約　日本の課題95

子どもの人権連　反差別国際運動日本委員会編

A５判並製　本体価格1,800円　1998年1月

国連・子どもの権利条約委員会に提出したNGOレポート全文。教育、差別の禁止など、95の課題について日本政府の報告書の不足を補い、具体的改善策を提起。子どもの諸問題に関わるすべての人々に運動の方向を示唆する必読書。

ISBN4-8450-0303-1

いじめにグッドバイ！

日教組教育文化政策局　子どもの人権連編

A５判　本体価格951円　1996年

「いじめ」を教職員はどう考え、どう取り組んでゆくかを、豊富な具体例と問題提起をまじえ、討論テキストとして率直に提起。「いじめ」問題での教職員必読書。

ISBN4-8450-0258-2

労働教育センター

教育カット集

教育カット集⑧

すぐ使える　スクールカット

エムツーカンパニー企画編集
Ｂ５判並製　本体価格2,500円　1998年4月

小学校のクラスだより、学年だよりなどにすぐ使えそうなカットを月別、テーマ別（あそび・スポーツ・学校生活・家庭生活）、その他（ワンポイント・飾りケイ・ふきだし・タイトル）に分けて収録。

ISBN4-8450-0307-4

CD-ROM版

すぐ使える　スクールカット（CD-ROM 付）

エムツーカンパニー企画編集
1998年4月　本体価格4,300円

■収録データ

PICT形式／BMP形式（グレースケール150dpi）各748点

■動作環境

Windows95●CPU：486DX-4以上のCPUを搭載したマシン（Pentiumを搭載したマシンを推奨）●メモリ：実装16MB以上●ディスプレィ：13インチ以上256色以上表示可能なもの●CD-ROMドライブ：倍速以上のもの（４倍速以上を推奨）●サウンドカード：Windows95対応のサウンドボードおよび スピーカー

Macintosh●CPU：68040以上またはPowerPCを搭載したマシン●メモリ：空きメモリ４ＭＢ以上●OS：漢字Talk7.1以上 ●ディスプレィ：13インチ以上256色以上表示可能なもの●CD-ROMドライブ：倍速以上のもの（４倍速以上を推奨）
四季の行事、タイトル文字、ふきだし、飾りケイなどすぐに使えるグレースケールイラスト748カットを月別・テーマ別それぞれのカテゴリーにまとめました。便利なブラ ウザ機能を使えば、必要なカットを簡単に探すことができます。お手持ちのワープロソフトを使えば、らくらくレイアウトができます。

ISBN4-8450-0309-0

「すぐ使えるスクールカット」のすべてのカットが入ったCD-ROM 付。
本の内容は同じです。

労働教育センター

ビデオ

HOMEROOM VTR シリーズ 7

放課後のムービー

——宇宙からのミッション・地球の性を探れ——

脚本：関口順
制作・演出：牛山真一
アニメーションディレクター：望月敬一郎
制作協力：フラミンゴ・ビュー・カンパニー
　　　　　G＆Gディレクション
制作：ドキュメンタリージャパン
VHS・カラーアニメ・ステレオ・15分　2000年
本体価格2,5000円

アニメーションで、性を明るくさわやかに表現。月経、射精のメカニズムを正確にわかりやすく、性交についてもきちんとふれる。以上の点をふまえた、小学生用の性教育ビデオです。「総合的な学習」にご活用下さい。

HOMEROOM VTRシリーズ 6

いじめよ、とまれ！

——心のケガには笑いの花を——

企画●日教組教育文化政策局　制作●青生舎
VHS・カラー・30分　1996年　本体価格11,650円

ランキン・タクシーがある学校に潜入し、「いじめ」の虫を発見する。そして、ラップのミュージックにあわせ、「いじめ」を追い出す。「いじめ」問題の渦中にあって、大評判となったランキンタクシー＆中島啓江の「いじめ」追放ビデオです。(小学生向け)

HOMEROOM VTRシリーズ 5

「子どもの権利条約」を子どもへ！

——ランキン・タクシーとラップで歌おう♪——

保坂展人監督・青生舎制作
VHS・カラー・30分　1994年　本体価格14,560円

ジャマイカ仕込みの陽気なラップの歌にのせながら「子どもの権利条約」を子どもたちに教える。(小～高校生向)
